Die Rede

人生演讲课

影响他人，
成就自己

Deines Lebens

［德］托比亚斯·贝克 著
（Tobias Beck）

谢宁 译

中国科学技术出版社
·北京·

Die Rede Deines Lebens by Tobias Beck.

This translatiom Published by arrangement with GABAL Verlag GmbH.

The simplified chinese translation rights arranged though Rightol Media（本书中文简体版权经由锐拓传媒取得 Email：copyright@rightol.com）

北京市版权局著作权合同登记　图字：01-2022-0619。

图书在版编目（CIP）数据

人生演讲课：影响他人，成就自己 /（德）托比亚斯·贝克（Tobias Beck）著；谢宁译 . —北京：中国科学技术出版社，2022.6

ISBN 978-7-5046-9575-8

Ⅰ . ①人… Ⅱ . ①托… ②谢… Ⅲ . ①演讲—通俗读物 Ⅳ . ① H019-49

中国版本图书馆 CIP 数据核字（2022）第 070282 号

策划编辑	申永刚　何英娇	责任编辑	申永刚
封面设计	马筱琨	版式设计	蚂蚁设计
责任校对	张晓莉	责任印制	李晓霖

出　　版	中国科学技术出版社
发　　行	中国科学技术出版社有限公司发行部
地　　址	北京市海淀区中关村南大街 16 号
邮　　编	100081
发行电话	010-62173865
传　　真	010-62173081
网　　址	http://www.cspbooks.com.cn

开　　本	880mm×1230mm　1/32
字　　数	146 千字
印　　张	7.75
版　　次	2022 年 6 月第 1 版
印　　次	2022 年 6 月第 1 次印刷
印　　刷	北京盛通印刷股份有限公司
书　　号	ISBN 978-7-5046-9575-8/H·94
定　　价	69.00 元

前言

　　各位读者，欢迎你们来到这片浩瀚的海洋，来到这个年产值数亿欧元并且还在不断成长的行业！全球劳动力市场急剧变化，我们曾经熟知的一切忽然变得陌生。因此我认为德语地区在接下来的数十年内急需大量的培训师和企业讲师。

　　事实果真如此吗？培训市场难道不是早已饱和了吗？我的答案是培训市场远未饱和。培训市场的需求一直强劲，其原因多种多样：我们现代人越来越迷失在网络空间里，周遭世界变得愈加虚拟。此时需要一股制衡的力量来遏制这种趋势。目前许多人渴望参与一些能感知自我和他人的大型线下活动。仅德国柏林一座城市每年就要举办10万次大型活动，所有这些活动都需要聘请主持人。

　　我们只要理性地回顾一下近几十年的发展趋势，就可以解释为什么市场对广义的"咨询师"的需求如此之大。我们生活中所有领域的变化速度不断加快。现代人必须不断地调整自己的方向，许多人在追问原因。因此我们需要他人的帮助。由于数字化进程的加快，企业正在经历自第二次世界大战以来最大的劳动力市场变革，它们也需要来自外部的帮助。越来越多的人离开宗教团体，去追寻事业的成功和个体的幸福。谁能给他们提供建议？答案是你！

我必须事先声明，本书内容别出心裁，虽然看上去似乎浅显易懂。你也许会问："成为一名优秀的演讲者果真如此简单？"我的回答是"难易皆有。"许多人最大的困难在于如何摆脱旧的思维模式，探索全新的领域。

记住：结果决定一切

本书既不追求面面俱到，也无意于学术论述。它是一本实践手册，集合了我20年的工作经验——培训时长共计2000天，听众达50万人。我曾主持过只有10名听众的活动，也曾在体育场内面对15 000人侃侃而谈。最初我是一名人际关系教师，后来为了成为一名演讲者去接触了更多的人，这样我成了一名培训师。我演讲的热情因此而生。如今我和我优秀的团队在世界各地举办公开课，付费听众达数万人。

行业秘密：市场是唯一的准则

你是否是培训行业的翘楚？你能否源源不断接到订单？你能否在面对客户的咨询时应答如流？如果答案是否定的，那么说明你在培训市场上还是一名新兵。

你自己曾经接受过别人的培训吗？你得到期望的结果了吗？

我真正理解这个行业是在2014年，当时确乎是有一种醍醐灌顶的感觉。为此我想给你讲一个小故事。我在英国伦敦做演讲口才培训的时候认识了一个美国小伙，他叫亚历山大。我俩一见如故，经常在一起谈天说地。有一次他请我吃午饭，席间他问我："你靠培训能挣多少钱？学员多吗？"当时我特别自豪地说："我刚和新意尚连锁餐厅（Vapiano）签了合同，微软公司和汉莎航空也是我的客户，我每天能挣1500欧元，而且日程已经排满了。你能挣多少？""25 000欧元吧。"我的新朋友亚历山大回答道。我特别激动地问他："这是月收入，对吧？那咱俩收入差不多。"亚历山大笑着说："不，这是我一天的收入。"

亚历山大曾经获得过创新大奖，比我优秀得多。我俩很快成为好友，一直保持着联系。有一次我去美国巴尔的摩看他，他给我上了人生一课，这对我日后成为演讲者起到了至关重要的作用。因为当时我对"没人希望我能成功"这一点还没有做好准备。

还是回到巴尔的摩的故事吧。一天，我俩在海边悠闲地散步，聆听着海浪的吟唱，他忽然问我："托比（我的昵称），你想不想学一点关于个性开发的知识呢？"我不假思索地回答："当然想学。""你看到那边那个东西了吗？"亚历山大指着矗立在海边的一个物体问我。"看到了。"我看见了一个巨大的黑桶。"走吧，咱们过去看看。"

我很好奇亚历山大到底想让我看什么。我先看了一下黑桶的内部，里面有许多红色的大螃蟹，它们争先恐后地向黑桶外爬，试图离开这个让它们感到压抑的狭小空间。它们看上去更愿意到蔚蓝的大海中去探索。这些螃蟹用尽全力向外爬。其中一些甚至已经成功地爬出了黑桶，它们立刻冲向海岸，让海水把自己冲进那渴望已久的自由（海洋）。然而那些未能爬出黑桶的螃蟹又有怎样的命运呢？我看到几只螃蟹奄奄一息地躺在黑桶底部，它们被同类狠狠地拽了下来，钳子已经折断，无法动弹。

这个故事对我们有何启迪？那就是你选择的道路可能会愈加艰险。目标如此之近又如此之远。你在旅程中还会遇到一些给你制造麻烦的家伙。但是，如果你能成功地爬出黑桶的边沿，那么你将看到黑桶外的世界之美，没有什么再能阻挡你的步伐。

你一定看过我的现场秀，并且从网络和社交媒体上了解到，我工作的目的不是赚钱。但我对亚历山大的忠告仍旧洗耳恭听。我意识到可以用自己的工作影响更多的人。

我再问你一次：你能挑选自己的客户吗？你能确定培训的费用吗？你的课程是否几个月前就已经预订一空？如果答案是否定的，那么这本书将改变你的命运。

也许你现在会问，我为什么要在本书中透露专业演讲的所有秘密。原因有两个。

第一，与大部分螃蟹和一些同行的想法不同，我认为我所在的行业并不存在竞争。恰恰相反，所有人都有自己的位置，市场需要新人和动人的故事。对我而言，"分享和合作"是一种新的财富。我敢肯定行业内一些自命不凡的家伙和那些自封为行业大佬的人，一定会对我的坦率和直言不讳口诛笔伐。但是对我来说这只是耳旁风而已。我当初开办"个性训练大师课"的时候，也没有征得任何人的许可。现在已有数以万计的学员上过这门课，他们的命运也因此而改变。

第二，因为我认为本行业不存在竞争，所以我可以毫无顾虑地传授自己的知识。如果你想用自己的故事影响数百万听众，那么阅读本书会是一个很好的开始。为了继续成长，你下一步需要增加你的人生经验。世界上没有任何一本书能够替代人生经验。因此你需要经历一些在书本上不曾被提及的事情。以我为例，我曾经在一个晚上做了一些不符合社交礼仪的事，正是这个晚上让我永远战胜了当众说话的恐惧。这样的练习会出现在我的"公开演讲学院"系列讲座和"赢得舞台"这门公开培训课中。

我一直热衷于合作和交流。因此我邀请了几位不同领域的专家为本书撰稿。我设想如果我涉足这几个领域，我可能也需要来自他人的建议。

简言之，你可以把本书视为一本傻瓜教程，或者一个装满各种工具的工具箱。我在培训和演讲时也会用到这些工具。你只需按照教程的指点，拿起这些工具在讲台上为你所用，剩下的工作就会一帆风顺，水到渠成。

祝你一切顺利，心想事成！

托比亚斯·贝克

目录

第一章

寻找榜样，进入角色

每当回顾自己的职业发展时，我总会想到几个人，他们以自己特有的方式鼓励我、支持我和帮助我，或者用建设性的批评激励着我。他们是一些卓尔不群的人，没有他们就没有我如今的成就。因此我很想首先讲一下我们奇妙的相遇。

我不知道你的感觉如何，但是我总有一种感觉，上天（或者任何一种信仰）试图提醒我们关注一些事情，其目的在于使我们最终清醒过来，并认识到自己身上蕴藏着一些伟大的力量。此时就需要我刚才提到的那些卓尔不群的人。

小时候，我妈妈带我去见的那位儿科医生就是这样一种人，因此他在我的内心深处牢牢地占据着一席之地。事情是这样的：在我经历了第四次转学后，我和我的父母绝望地坐在这位医生的诊室里。我现在还清楚地记着妈妈当时说的话："我自己也是一名教师，但是现在真不知道该拿这孩子怎么办。"医生接下来和我聊了一会儿关于信仰和世界的事，然后看着我的成绩单笑着对我妈妈说："他也许无法成为一名物理学家，但是您曾经心平气和地和他聊过吗？"经过一系列测试，这位医生告诉我妈妈："您的孩子口才很好。他的词汇量是同龄孩子的两倍。您不用担心，贝克女士。"虽然这对我的学业没有太大帮助，但是医生的话始终回荡在我的脑海里。

8岁的时候，父母带我到希腊南斯波拉泽斯群岛①中的科斯岛的一个度假村旅行。度假村有一个儿童俱乐部，孩子们可以参加晚上的戏剧表演。活动组织者问我擅长什么，我说我自己也不清楚，我在学校成绩不好。他又问我课后最喜欢做什么，我说我最喜欢模仿喜剧演员，我曾经在自己的房间里用录音机收听过这些演员的节目，一听就是好几个小时，直到我能模仿出演出的所有细节。"那你表演一下。"儿童俱乐部的工作人员对我说。我开始了自己的表演。几分钟后，俱乐部所有的工作人员和度假村经理都围在我的身边，我现在还能记起经理的话："他明天可以一个人表演。"第二天晚上，我面对500名观众"说学逗唱"，台下观众笑得前仰后合。

高一的时候我上过一堂特殊的文学课。我们的老师以前是一名话剧演员，他问我们是否有兴趣自己创作作品，而不只是读死书。在此之前我对自己毫无信心，没有任何人生规划。但从那一刻起，我第一次喜欢上了一门课。我满怀热情地投入到话剧《轻轨8号线》（*Linie S8*）的排练中。该剧根据著名的音乐剧《地铁1号线》（*Linie 1*）改编，讲述了在德国伍珀塔尔市（Wuppertal）

---

① 南斯波拉泽斯群岛位于爱琴海南部，与安纳托利亚半岛仅有咫尺之遥。这片群岛主要由科斯岛和萨摩斯岛组成，这两个小岛也恰好分别是古希腊医师希波克拉底和历史学家希罗多德的故乡。——编者注

磁悬浮列车上相遇的各色人物的故事。我在其中扮演了一名老者，向一个女孩吟唱出了他的生活。即使在彩排之后，我的表演仍需要进一步改善，因为总有些地方表演得不准确，而且我也记不住台词。首演当晚，我站在后台紧张得浑身颤抖，加之几天以来腹泻的折磨，导致我呕吐了好几次。

大幕徐徐拉开，我有生以来第一次在别人面前宣泄自己的情感。我不是在扮演这个老者，我就是这个老者，像他一样呼吸，像他一样感觉。即使在今天，我也清楚地记得当时我看到自己面前的观众眼中充满了感动的泪水。回到后台，老师把手放在我的肩膀上，深情地注视着我说："托比，你感动了观众。不是每个人都能做到这一点。你的手中握有一份巨大的礼物（天赋）。"然而在那个时候，我并不知道该如何使用这份礼物。

19岁的时候，我在美国第一次参加了个性开发课，当时我坐在教室最后一排。教室内气氛十分热烈，我双手抱在胸前，希望尽快返回德国。我花了大价钱来聆听一位作家的现场演讲，我曾经读过他的书，此人便是安东尼·罗宾斯（Anthony Robbins）。他在授课现场调动起了听众的情绪，讲了一些我在中学和大学从未听到的内容（当时我在大学学习心理学）。他说，每个人都有自己的潜力，我们必须学会倾听自己内心的声音，也就是直觉。经过几轮练习，我们要学会想象自己的未来。此时，旁边的一位男士询问我对未来有何设想。我说："有朝一日我要成为德国的安东尼·罗宾斯。但是并不完全和他一样，我有我自己的特色。""祝你好运！"我身旁的这个练习搭档说。这一晃已经过了21年了。

若干年后我重返美国，有幸出现在一次花园聚会上。这可不是一般的聚会！此次聚会的主人是我眼中最天才的演讲者乔治·萨鲁奇（George Zalucki）。当时我在销售方面取得了一点成绩，因而受邀去他家做客。我聆听了他在全球各地的演讲，他总能敞开心扉，用自己独有的方式唤醒那些沉睡的人们。

现在我的偶像突然站在我的面前。"又是你，我在所有的演讲上都能看到你。"他和我聊了起来。"我是您的粉丝。"我语无伦次地说，并请他回答我一个问题。他点头同意，我结结巴巴地问道："我怎么样才能成为像您这样优秀的演讲者？"乔治·萨鲁奇的回答令我终生难忘："你需要一份好的演讲稿和一个好的计划。你至少要练习1000遍，直到完美无缺。那会儿你自然会成为百万富翁。"我接受他的建议，每天反复练习我的演讲《远离垃圾人》。后文我将告诉你这篇演讲产生的过程。

他的建议无疑给我的人生指明了方向。但是彻底改变我培训师生涯的是哈维·艾克（Harv Eker）。2012年7月之前，我完全不知道有一些项目对于我这样的培训师而言宛如钻石打磨机（在此提醒一下对此一无所知的人：为了成为一颗钻石，而不是像蚂蚁那样生存，我们需要能够激励和打造我们的超级明星）。我和我太太丽塔曾经聆听过他在德国慕尼黑的演讲，完全被他与听众的交流方式所吸引。演讲结束时，他介绍了一个自己亲自指导的培训项目，我拿着信用卡毫不犹豫地走向付款台报了名。从此开始了我全新的人生。花了几千欧元听了一次演讲之后，我坚信自己做出了正确的选择。这笔投资至今物超所值。

我特别想强调一点：我们公司之所以能发展壮大，是因为我受到了全世界最杰出老师的培训。我在接受他们的教诲时，已经在培训市场小有名气。迄今为止，我为自己学习充电已经投资了25万欧元，因此我现在才能站在欧洲德语地区最大的舞台上（甚至在体育场里）侃侃而谈。我不但学会了快速学习法（又叫"超级学习法"，后文还会详细提到），还掌握了关于市场营销、商品定价和市场定位的知识。

2014年在泰国普吉岛，我听到了对我影响至深的一个观点，它令我茅塞顿开。当时我刚刚结束了一次为期两年的培训课程，需要做一次总结。我必须向老师汇报自己的工作以及未来的目标。我当时兴奋地告诉我的老师，通过课堂上的练习和掌握的技巧，我作为培训师的日收入从1500欧元涨到了4500欧元。我的日程已经完全排满，当时已经无法再招收学员。我的"远离垃圾人"和"动物人格测试"两个项目已经注册，并且还有了第一位同事丽雅·恩斯特（Lea Ernst）。她现在是我们公司的首席执行官（CEO），当时还只是一个新来的实习生。

接下来发生的事让我彻底跌入了深渊：

"挺好的！但是你一家一家地给公司做培训，这难道不是在浪费你改变世界的潜力吗？你举办过公开培训吗？你写过书吗？你的音频节目在哪里？你建立团队了吗？你创造就业机会了吗？你把自己的理念以授权模式分享给其他培训师了吗？你扶持了哪些项目？你对社会有何贡献？托比亚斯，你太懒了，只知道安逸地生活。你到底什么时候才能发挥你真正的潜力？你的潜力是巨大的！"

每一句话都击中了我的要害。我感到天旋地转，呼吸也变得急促，眼泪夺眶而出。怎么有人能和我这样说话？怎么有人能不认可我的辛勤付出？还是他说的真有些道理？我完全发挥自己的潜力了吗？我难道不是整天躺在自己微不足道的成绩上，忽视了自己还有提高的空间？

一席话惊醒梦中人。直到今天我仍然感谢这番肺腑之言，因为人只有在极端的压力下才具有创造力。我当时立刻开车回家，打电话给我现在的总培训师伊冯娜·舍诺（Yvonne Schönau）和克里斯蒂安·加特纳（Christian Gaertner），我们立刻投入了工作。

正因为有这些巨大的挑战，正因为我对自己充满信心，我们才能取得今天这样的成就。正因为如此，我才能在公开课上培训数以万计的学员。所有这些课程（包括"市场营销课"）都是近两年才开设的新课。我为什么要告诉你这些？因为你也能做到，因为我相信你。因此我希望你也能分享这个快速成长的市场。

没有老师的真知灼见，就不可能有下面这些成果：

■《钻石思维：正向改变的12种思维逻辑》（*Unbox Your Life!*）：这本书荣登《焦点杂志》和亚马逊畅销榜，它打开了我通向传统媒体的大门；

■《人际关系的重建》（*Unbox Your Relationship*）：这本书揭示了生活中的人际关系以及人的性格类型，出版后立刻成为《明镜周刊》畅销书；

■《钻石思维：正向改变的12种思维逻辑》巡回演讲听众人数第一年超过15 000人，第二年达50 000人；

■"个性训练大师课"：一天的课程教会你如何开发自己的个性，学员已超过20 000人；

■"个性训练营"：周末课程，我的人生导师全程参与；

■"公开演讲学院"：毕业生人数已超过1000人；

■ "公开演讲学院"网络课程；

■ "赢得舞台"：为专业演讲者开发的课程，为期4天；

■ 《远离垃圾人》播客：收听次数超过900万次，在汉莎航空公司和欧洲之翼航空公司的航班上也可收听；

■ "远离垃圾人"® 团队：我们超过400人的专业团队呵护着学员的成长；

■ "青年之星大师课"：专为12~15岁的年轻人打造的免费课程，课时为1天；

■ 体验国际有限责任公司：全球个性开发平台。

在本章中，我向你讲述了一些重要的人，他们的激励决定了我的人生，尽管有时听起来不那么中听。我不会因此而气馁，而是把这看作是对我的鼓励。他们都是我的人生目标，在专业上比我优秀，在人格上也比我伟大。这有时让我感到很痛苦，但的确是一剂良药。有一点我绝不会忘记，也希望你能记住：如果你在第一局比赛中就大获全胜，这只能说明你周边的对手还不够优秀。此时你需要找到你的人生导师。我想你已经懂得这一点了，不是吗？

第二章

"听众即明星" 原则

在说明如何成为一名顶级演讲者之前，我想请你倾听一下自己内心的声音。

你站在演讲台上的时候，承担着对所有人负责的巨大责任，他们的眼睛紧盯着你。你立刻成为全场听众的领袖，他们对你深信不疑。如果想一直保持这种状态，你必须遵循几个简单的原则。你应该只谈论自己熟悉的话题，始终坚信听众信任你。在你读完本书和上完几次相关课程后，你一定能在演讲台上挥洒自如，感动听众，并获得可观的收入。同时你也要注意下面几点。

■ 很多人突然想和你洽谈合作事宜，并且给你开出很好的条件；

■ 有些听众希望和你拍照；

■ 还有些听众希望向你倾诉他们的苦恼；

■ 有些听众给你赠送礼物；

■ 许多人对你赞誉有加，而你却无法得到批评性的反馈意见。

此时你很快有些飘飘然，认为自己是一名超级明星。但是你必须注意一点：重要的不是你，而是所有现场听众。你在到达演讲现场的那一刻就被所有人注视。如果周围有人给你提出了坦率和批评性的意见，你应该和他继续保持联系。我的公司在每次活动后都要开一次坦诚的总结会，此时我不是老板，而要虚心接受团队的意见，因为我们有伟大的愿景。这具体意味着什么？

我们的愿景

我们是全球领先的个性开发平台，培养那些能够改变世界的领袖。我们的学员能够令其所在地区产生巨变，以此改变数百万人的命运。我们打造了一个全世界独一无二的平台，不与他人产生竞争。为了实现这一愿景，我们应该有自己的价值观和原则。

- 成功源于付出与互相帮助；

- 关注细节；

- 拒绝平庸；

- 保持专业；

- 全心投入；

- 享受乐趣；

- 畅所欲言；

- 保有赤子之心；

- 不受任何束缚；

- 年轻而有活力；

- 成为新公司的代言人；

- 做电脑达人；

- 不走寻常路；

- 培育和蔼可亲的员工；

- 我们制造超级明星，但我们自己并不是明星；

- 我们是钻石打磨机。

你不是最重要的，最重要的是坐在你面前的听众，其次是你的团队，最后才是你。

有时亲朋好友对你的成功也有些猝不及防。你家门口忽然出现了许多要求签名的粉丝；走在街上时你总是被人认出，希望能和你聊上几句。在勇敢地迈出这一步之前，你要意识到这一点。

从一开始你就应该学会低调，因为我认为只有一件事能够令你跌落神坛，那就是"自以为是"。

遗憾的是，许多演讲者忘记了登上这个舞台的初心。希望你不要出现这样的情况。永远记住：这份工作不是要满足你那自以为是的虚荣心，而是要丰富他人的人生。

我想和你分享一次令我震惊的经历：有一次我乘火车去参加

一次演讲，听众慕名而来。在火车站候车的时候我接到主办方通知，他们不希望粉丝和我合影，因为他们想出了一个发财妙招。到达活动举办地后，我立刻被遮挡起来，并被带入一间房子。主办方规定如果有人希望和我或者活动主办者照相，每次必须支付5欧元。我当时被惊得哑口无言，立刻警告主办方，如果这样我就立刻退出此次活动。

我不是明星，我是来自伍珀塔尔的托比，做过空乘的我懂得为他人服务

谢天谢地，我的合同允许我离开这个房间，深入听众中去。有一句话不断提醒我要脚踏实地："所有的领袖都是老师，但不是所有的老师都是领袖。"

所有为社会担负责任的人总要把自己的知识经验传授给他人。领导力对我而言意味着为他人创造进步的空间，而自己要退居幕后，并尽可能影响更多人。

每次登台前我都要大声朗读下面的信条。

- 我能为他人增值；
- 我退居幕后，给予他人成长的空间；
- 我的演讲必须真诚、坚定和自信；
- 我让听众充分发挥他们的潜力；
- 我的演讲结构清晰、充满激情；

- 我让这个世界变得更好；

- 我的演讲没有废话，全是有用的信息；

- 我是一个世界级的培训师和演讲者。

当然，这些内容对你来说只是一种参考。每个人都要找到适合自己的信条。下面的《演讲者宣言》能给你提供一个基本框架：

演讲者宣言

- 我是一个世界级的培训师。

- 我的演讲必须真诚、坚定和自信。

- 我激励听众，使他们成为超级明星。

- 我能为他们提供非同寻常的增值效应。

- 我拥有无限的能力。

- 我令世界变得更好。

- 我是最优秀的。

- 我的演讲没有废话，全是有用的信息。

- 我演讲的内容至关重要。

- 我展示自己的时间到了。

- 我愿意付出一切——是的！

托比亚斯·贝克公开演讲学院

第三章

名人偶像

在一步步指导你如何成为一名演讲者之前，我想首先给你介绍一种方法，它对于专业演讲者来说非常有效：把一个演讲界的名人当作自己的偶像。他必须在演讲行业已经功成名就，你和他心灵相通，完全认同他的价值观。他将成为你的榜样。

你应该仔细研究他所有的演讲，学习他的动作、语气、节奏和情感。这个练习的意义何在？

如果你认真地研究偶像的演讲方法，那么你大概率能取得和他一样的成就。但是请注意：你不应该成为他，也不应放弃你自己的个性。

你在模仿偶像的行为举止的时候，实际潜意识运用了一个心理学方法，即"观察学习法"，它能够改变你的认知，这种学习所产生的效果是非常好的。

我最大的榜样是莱斯·布朗（Les Brown），即使有人半夜把我叫起来去倒背他的任何一场演讲，我也能做得到。我绝不会复制他的演讲内容。但是我把他的名言"永不知足"运用到我的演讲中，因为我觉得这是一个核心理念。他曾经发出过"我要登上世界上最伟大的舞台"的呐喊，遵从这个理念的都是那些永不满足的人。你如果有兴趣，也可以观看一下世界上那些优秀演讲者的演讲，并且仔细研究那些给你带来最大启发的演讲者。

尽可能模仿这些人，体会他们在舞台上表达真知灼见时的感受。我们这个行业所有的明星都有一个共同之处：他们能把自己的情感转移到他人身上。

作者与莱斯·布朗

第四章

弗洛里安·希伯来森不会唱歌?

不要总觉得自己不如别人。你如果有一些伟大的想法，就应该勇敢地站在舞台上向他人进行宣传。也许你能为自己的胆怯找到1000个理由，但是接替你登上这个原本属于你的舞台的都是些什么样的人呢？答案是那些不及你一半水平的人。如果是这样，你会更加愤愤不平。

你该如何克服犹豫不决和妄自菲薄的心理？解决方法是必须拆掉内心的恐惧之墙。你总是担心自己不够好，总是害怕被别人评头论足。如果你想拆掉内心的这堵墙，你就必须急切渴望能够站在大众面前宣传自己的理念，而且这种渴望要远远大于你的恐惧。当你坐在听众席中听别人演讲的时候，你一定经常有这样的念头："他会的我也会。"难道不是吗？

不要像许多人那样在酒吧里对国家足球队的成绩评头论足，不要总认为自己无所不知，对别人的生活方式大放厥词。你要是觉得自己足球踢得不错，最好自己上场去给大家展示一下。如果你自认为知道别人的生活有哪些不如意，那么你应该给他们做一个表率去帮助他们，而不是浪费自己的时间和精力对别人的生活说三道四。

对你而言，说空话的时代结束了，从今天开始你就是个实干家！

流行音乐现在是一门产值达10亿欧元的产业。该行业的从业者深谙此道，并给自己精准定位。无论你如何看待弗洛里安·希伯来森（Florian Silbereisen）的歌唱表演[①]，也不管你是否认为他理应赚那么多钱，实际上没人对你的这些想法感兴趣。

为什么？因为他的成功已经说明了他的能力！他找到了一个适合自己的主题，并且成为它完美的代言人。他了解自己需要什么样的工具来传播这个主题。

首先严肃地问一下你自己：你擅长的演讲主题是什么？

本书开始时，我曾经给你讲过，生活多次把我引向一个正确的方向。尽管我得到了来自外界的帮助，但是我仍然花了很长时间才明白自己擅长的领域是什么。这个过程可能是十几天，也可能是几周。下面这些问题有助于你寻找到自己擅长的演讲主题：

- 你小时候放学后喜欢做什么？
- 什么事你凭直觉就能做好，以至于别人会问："你是怎么做到的？"
- 别人最欣赏你哪一点？
- 哪些主题一直吸引着你？
- 如果不考虑钱，你会做什么？
- 哪些工作令你废寝忘食？

[①] 弗洛里安·希伯来森是德国知名歌手和电视节目主持人。——编者注

- 你喜欢什么？

- 你不喜欢什么？

- 你无法接受什么事？

- 什么事曾令你激动得热泪盈眶？

- 你热衷于什么？

- 你的梦想是什么？

我给你举一个例子：我曾经在课堂上问过一个小伙子他的梦想是什么。他的回答令我吃惊不已，同时又充满好奇。他激动地说，他从童年开始就想成为一个养鱼人，并会为实现这个梦想全力以赴。相信我，你要是也能够听到他的发言，肯定也会感动的。

你的梦想是什么并不重要，因为世间万物都有自己的市场。

我的公开培训课"赢得舞台"已经帮助下面这些人成功地确立了自己的市场地位：

■ 妮娜·施尼岑包默（Nina Schnitzenbaumer）；

■ 马来克·阿维（Mareike Awe）；

■ 洛伦佐·齐贝塔（Lorenzo Scibetta）；

■ 卢奇·昆特（Ludger Quante）；

■ 无语组合[约翰尼斯·埃默里希（Johannes Emmerich）、帕特里克·莱曼（Patrick Reymann）和安吉尔·马丁内斯（Angel Martinez）]；

■ 丹尼尔·阿米纳蒂（Daniel Aminati）；

■ 米莉亚姆·霍勒（Miriam Höller）。

在这里画出你生命的轨迹，就像股市K线图那样，并标出你的高光时刻。

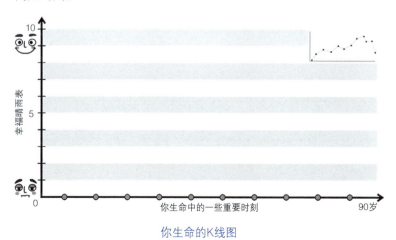

你生命的K线图

　　在下面的稿纸上写一下，你准备在讲台上讲述哪一领域的内容，并且取一个吸引人的好标题：

_____

_____

_____

_____

_____

_____

| 第五章 |

找到自己适合的领域：《远离垃圾人》节目

所有优秀的演讲者和一事无成的"普通人"有一个根本的区别，即前者能够成为自己擅长领域的领军人物。

说实话，我在很长时间里不知道自己擅长做什么。我花了很长时间才摸索出《远离垃圾人》节目和四种动物人格模式。在这个问题上你不必心急。找到自己擅长的领域并被市场接受需要一个过程。

事实上，世上的一切都有自己的市场。无论你的受众群体喜爱的是"阳春白雪"还是"下里巴人"，你在创业之初必须问问自己："我到底痴迷于哪个领域？"

例如，我已经做了超过2000天的演讲，没有一次我觉得这是在工作。只要一谈到我的理念，我就停不下来。

一旦你找到了自己擅长的领域，你的激情会掀起洪涛巨浪向听众袭来，你演讲的内容必定会逐渐成为他们的话题。我的"远离垃圾人"模式就是如此。人们开始建立一个话题圈，圈子的名称成为一个品牌，因为每个人在这里都可以找到认同感。

在我的"远离垃圾人"模式成功之前，我还使用过其他一些概念，但统统失败：

- 胡同串子；
- 我的时代；

■ 成功舞台。

我曾经把这些概念用不干胶贴在我的车上,为了宣传,我特意把车停在人来人往的街道上。你猜会有多少人对这些概念感兴趣?一个人都没有!

现在谈谈你吧!你首先在一张表上列出自己与他人的不同之处,如性格、强项、理念等。这些内容有助于你正确地进行自我定位。

为了列出这些内容,你可以回答下面这几个问题:

■ 你有何特质?

■ 你的项目有何特别之处?

■ 你用到哪些令人过目不忘的概念?

■ 你的强项是什么?

■ 哪些独特的优势令你无法被他人取代?

第六章

外部框架

现在让我们仔细审视一下你的工作。无论你主持的是讲座、培训还是其他大型活动，听众参加完这些活动后可能会有这些感觉：要么觉得平淡无奇（"讲座还行，但是……"），要么失望之极（"太无聊了！"）。我猜你曾经也有这样的经历。我自己也参加过这样的活动，内心感到非常失望。但我也经历过一些令人激动的精彩时刻，它们引人入胜，发人深省，令人难以忘却。

这些活动之所以效果不同，主要是因为存在我称之为"外部框架"的东西。外部框架就是活动内容之外的所有条件。现在我想和你讨论一下框架的重要性和结构。

框架比内容重要?

为了找到成败的原因，我曾带着一个问题环游了全世界，这个问题就是"真正优秀的培训师和演讲者与普通人究竟有何不同？"我的旅行足迹遍及美国、新加坡和马来西亚。

最终我解开了这个谜团，它的答案就是要把活动的外部框架和活动内容完美地结合在一起，这是组织演讲活动时需要考虑的重中之重。但是要注意，下面的内容可能与你在学校所学到的知识相悖，你可能会摇着头说："你说得不对，对于演讲者，最重要的是记住信息并传播信息。"

我问你：内容真的比框架重要吗？在学校里可能是这样。但是为了你的梦想，你应该把这些对于形式条件反射式的偏见抛诸脑后。我可以向你保证一点：一旦你掌握了这个要点，并把它运用得炉火纯青，那么从明天开始你就会与众不同，订单也会纷至沓来。

先来做个热身小练习。拿起你的手机，问问语音助手："长城有多长？"两秒后答案就会出现，语音助手会回答你："长城的长度为 21 196.18 千米。"

我想说的是今天几乎所有的信息都可以在网上查到。每个人都可以获得任何信息，世界上的知识储量飞速增长，目前速度大约为每700天增加一倍。你真的想加入这场纯信息的竞赛吗？你的听众听了这样的演讲，有可能打着哈欠说："这样的演讲真没意思。"你愿意冒这样的风险吗？还是你想在自己未来的网站上出现下面这段文字：

托比亚斯·贝克的演讲震撼人心！当他登上舞台时，你立即知道：演出开始了！托比亚斯富有魅力，博览群书，充满热情，他的演讲能够吸引各阶层的听众。这样的人在该行业中实属凤毛麟角。托比亚斯是一个能改变人们生活的人！太赞了！(这是一个听众的评论，可以在我的网站上看到。)

你也希望听众对你的演讲回味无穷吗？那么你就应该记住这条规则：框架重于内容！

如果你能吸引所有的听众，利用你精心制定的框架来传递内容，并使之成为一种体验，那么人们就会长久地记住你，并再次预订你的演讲。

当然前提是你演讲的内容要足够好，否则你没必要登上这个舞台。

我在本书中为你总结了制定完美框架的所有要点，我甚至想说是"所有秘密"。它们对我的成功居功至伟。正因为如此，托比亚斯·贝克公开演讲学院才能自2016年起在公开课上培训超过15 000名学员。我们建立了一个销售额达数百万欧元的帝国，没有任何负债。我们公司已经成长为德语地区最大的个性开发平台之一。

但是不要有误解：演讲内容当然不是无足轻重。恰恰相反，你的演讲内容应该使听众受益良多。如果听众从你的演讲中一无所获，你就不会有下一次演讲的机会。

我们行业中的那些优秀的演讲者都有一个与众不同的策略。他们的演讲不是一味的说教，也不是一套僵化的体系。他们能使学习内容变得精彩而生动。这个理念像一条红线一样贯穿演讲的始终。演讲中包含了许多开始并不引人注目的因素。但是当这些因素汇集在一起的时候，听众会惊叹不已，他们从中也体验到了生命中难忘的时刻。这些细节我将在本书中一一讲解，正是它们使每个人的演讲有云泥之别。

在你继续阅读本书之前，我想请你思考一个问题：有些公司能首先重视打造外部框架，以便使内容有机会在市场上站稳脚跟。那么有哪些企业采用这样的策略呢？

我举两个著名企业的例子：

■ 苹果公司：苹果公司是做什么的？当然是生产电脑和手机。围绕在这些产品周围的就是外部框架。

■ 迪士尼公司：这家世界级企业是做什么的？当然是制作发行电影和经营主题公园。迪士尼公司能够把你带入另外一个奇妙的世界，在这个过程中，外部框架的作用举足轻重。

一家著名的美国连锁咖啡店将框架做到了完美，它能调动你所有的感官。现在我们走进这家咖啡店看看吧！

你推开店门的时候，就立刻有一种感觉：回家了！店面布置不仅舒适怡人，而且空中还飘来阵阵现煮咖啡的香气。很多企业经常在香气上做文章，这样顾客每次进来的时候总会有同样愉悦的情感。

甚至一些时装连锁店也利用了这种原理，营造出类似的效果。多年以后，我们仍然能够通过嗅觉回忆起与之相关的某种情感。

用特定光线和灯光颜色进行空间照明，也可以控制整个店铺的氛围和影响顾客的认知度。我刚提到的那家咖啡连锁店也采用了这种方法。

你站在柜台前，本想只点一杯外卖咖啡。但是墙上价目表中的咖啡品种琳琅满目，诱人垂涎。你点了一杯最普通的咖啡，但是目光从未离开墙上咖啡价目表中其他各种美味的特制咖啡。

"你了解我们的夏日特别款吗？"满脸笑容的咖啡师用她甜美的声音问道。"双份浓缩咖啡，冰镇的，加奶油和焦糖。听起来怎么样？"她接着问。她在说话时微微点着头，微笑着把头略偏向左边，并邀请般地摊开双手。此时的你已经完全被征服了，不由自主地点了点头。

此时咖啡师会询问你的名字，你报给她，她再重复一遍你的名字。这时，行业最大的套路出现了："小杯、中杯还是大杯？"谁会想要小杯呢？80%的顾客都会选择中杯。

接下来，你的名字会被写在一个纸杯上。此时你的幸福感爆满，因为你觉得自己受到了莫大的尊重。

收银台显示你需要支付7.9欧元，此时你又一次听到了你的名字被传达给为你制作咖啡的那名咖啡师。最后的时刻到了：盼望已久的咖啡终于被制作好端上来了，此时你第三次听到了自己的名字。你付了钱，满怀幸福地离开了咖啡店。

刚才发生了什么？人们总喜欢花钱买一些不容易得到的东

西，如出色的外部框架给你带来的好心情。这样的框架令顾客感觉自己的价值受到他人的认可。

如果你作为培训师或演讲者能够创造这样一个框架，令你的听众心情舒畅，敞开心扉，并且寓教于乐，那么你就赢了。但是你演讲的内容也得引人入胜，否则你的努力将付诸东流。

回到我们的主题。为什么框架如此重要？思考一下！如果杯子（框架）裂了，那么世界上最好的咖啡（内容）会有什么样的命运呢？正确，咖啡会漏出来。你一定要避免这样的事情发生。记住：框架设计得越好，就能赋予内容越大的价值。

哪些公司或者哪些情景能够构建出色的框架？把它们罗列出来吧！你能从中学到什么？

让全世界笑掉大牙的德国特色

"女士们，先生们，大家好！我是米勒博士。我在维尔茨堡大学经济学院获得博士学位，曾撰写过15本生物分子医学著作，在教育界有一定声望，并且在学术界举足轻重。"

我敢打赌，你肯定听过这样开头的演讲或报告。也许你刚听了几句就想拂袖而去，也许你觉得它很恶心。

在其他国家，我们德国人经常受到取笑，因为我们习惯用严谨的数据和事实来介绍自己。这种"德式思维"归根结底只是满足了自己的虚荣心，具体说就是演讲者的虚荣心。请你把自己的虚荣心放在门外，并敞开自己的心扉，而不是用自吹自擂的语气让听众昏昏欲睡。

一开始就吹嘘自己的能力，这样的开场白非常不妥。恰恰相反，你在演讲中可以表现出自己的脆弱和不足。这些内容后文将详细提到。

我经常看到有些同行上台后首先大谈特谈自己。他们不断吹嘘自己多么重要，自己的影响力有多么大，自认为拥有超群的能力，整个世界都离不了他。

按照我的定义，德语中"重要"（wichtig）这个词来自"精灵"（Wicht）一词，但这并不重要。因为我的理念是登上舞台就是为了服务他人。

向你透露一个残酷的事实：没人在乎你是谁！许多人聆听演讲的目的不是想听你有多么优秀，而是希望学到一些你带给他们的真知灼见。

听众从演讲开始的第一秒起就问自己："我从你的演讲中能学到什么？" 如果你在最初的几秒内无法回答这个问题，那么剩下的演讲对你来说将困难重重。

现在你可以放松一下，因为你的专业知识很重要，你讲的故事也很重要。但在演讲刚开始时不要提到这些事！ 演讲开始时，你必须吸引你的听众，让他们参与进来，让他们对你所说的内容充满好奇，以至于他们心无旁骛，专心聆听你的每一句话。后文"神奇的模板"一节将谈到具体方法。

你一定熟悉下面的情景。你去参加一个化园聚会，一群人在讨论一个话题。讨论的内容并不重要。但有一点几乎总是一样的：短短几分钟后，所有人开始谈论自己对这个话题的观点，没有人倾听别人的意见。原因何在？

尽管很少有人愿意承认这个事实，但我们人类确实喜欢只谈论自己。如果你在油管（YouTube）网站上看过我的"思想加油站"系列演讲的第一讲"谁是生活中的超级明星？"，那么你就会知道人们总是渴望得到他人的关注和认可。所有那些参加花园聚会的人也是如此，你的听众也是如此。

如果你在舞台上一开始就大谈特谈自己多么优秀，而不去告诉听众他们能从你的演讲中学到什么东西，那么听众凭什么会认为你的演讲值得聆听呢？

不要把自己当成核心，如果你做一场关于公开演讲的讲座，可以运用这样的开场白：

在过去的几年里，你们有多少人听过一场非常糟糕的演讲？你们有多少人希望这种情况永远不要发生在自己身上？我的工作就是让你变得非常优秀，让你即便是在最糟糕的一天，仍然表现得比别人好。

在接下来的两天里，你们将学习只有业内最优秀的人才能掌握的技巧。就我个人而言，重要的是我们要寓教于乐，这场讲座对你来说将是一种体验。同时，你们会收到关于我们讲座的配套资料。做练习的时候，我们将相互支持，相互帮助。

说到这里，我谈论我自己了吗？对，完全没有！谁最重要？是的，只有听众和他们的关注点最重要！这一差别虽然细微，但至关重要。

让我们再用批判的眼光看一下典型的"德式做法"：演讲者经常把尽可能多的内容塞进PPT里，然后背对听众冲着大屏幕照本宣科，PPT上写满了黑色小字，全是各种数据和事实。演讲者和听众有交流吗？几乎没有。

我们这一行业对这样的演讲者有两个戏称："墙语者"或者"PPT杀人狂"。本书将教给你正确的做法。

拒绝学校氛围

让我们先来一次时光之旅吧：回忆一下你中小学时代的生活。你当时的情况怎么样？你喜欢在教室里枯坐一整天吗？喜欢一言不发，只是听老师讲课吗？喜欢去卫生间还要经过老师允许吗？你对于这种极端的外部规定有何看法？

很遗憾，大部分人对于自己的中小学时代都没有美好的回忆。老师只是试图把知识硬塞进你的脑袋里。我们作为演讲者从中可以学到一个道理：你不是老师，整个演讲活动的组织安排不能让听众觉得自己好像坐在教室里一样。

第一个问题：桌子。我的演讲活动从来不需要桌子。桌子和一排排座位使人联想起学校，这种联想会引发许多人的抗拒态度，从而失去参与的积极性。你应该避免这一点。我更愿意让听众围成圈坐在一起。

这种安排能够提高听众的注意力和开放度。此外，围成圈坐在一起的时候，没人可以躲在笔记本电脑后面或者玩手机。在一些大型演讲活动中，我们确实也安排了一排排的椅子，但我们绝对不使用桌子。

你上学时的教室是什么样的？氛围好吗？是否布置得色彩缤纷，让人流连忘返呢？你当时是否感觉，进了教室就好像回家了一样呢？

很遗憾，德国大部分学校不是这样的。正因为如此，我们的演讲现场总会用彩色气球做装饰。另外，背景音乐也能创造出一种轻松的氛围。在这样的氛围中，听众并不觉得自己是被灌输知识。我们始终认为，现场环境中隐藏着所有你想要的效果，我们只需要一起把它们发掘出来。

为了摒弃学校的气氛，你可以采取下面几个重要的方法：

- 把椅子围成圆圈；
- 播放背景音乐；
- 把现场布置得色彩缤纷；
- 用图画装饰墙壁；
- 摆放植物；

■ 改善室内空气。

现在发挥你的想象力，思考一下怎样把听众带入另一个世界，并把你的想法写下来：

_____

_____

_____

_____

_____

_____

四种动物人格

你肯定有这样的体会：和有些人接触起来十分轻松，很快就能和他们产生共鸣；相反，和另一些人刚开始接触时你就会觉得

"这人难打交道"。

其中原因在于不同的人格，具体说有四种。如果用四种动物来形象地描述这四种人格，那么可分别用猫头鹰、海豚、鲸和鲨鱼。四种人格各有各的特点。你和对方在性格特点上的共同点越多，你们之间的互动就越好。

这四种人格的人在你生活中所有的领域随处可见。当你演讲的时候，你的面前坐着猫头鹰、海豚、鲸和鲨鱼四种人格的人。他们对你的话有不同的反应，对你也有不同的期待。

你在私人生活中可以选择自己的朋友。此时人们始终秉持一个众所周知的基本原则：人们喜欢和那些与自己相似的人交流。但是，当我们站在舞台上或者听众面前时，我们该怎么做？

你不可能在会场入口处给每一位听众做一个测试，然后只让那些和你人格相似的听众入场。

我们的大脑中有各式各样的过滤器，它们尽可能让那些最符

合我们性格的信息进入我们的意识中，就像骑士一样守卫着通向我们大脑的城堡之门。

这当然限制了我们观察周围的人，因此并不是与听众进行良好互动的前提条件。相反，如果你能和各种人格类型的人打成一片，用他们的方式思考和说话，你就赢了。

只有所有四种人格类型的听众与你产生了共鸣，他们每个人才能开始学习。因为此时我们已经关闭了大脑中的过滤器。

但是在实践中如何做到这一点？首先你应该熟悉一下这四种人格的基本特征，然后我给你提几个建议。

猫头鹰人格

猫头鹰人格的人遇事喜欢分析，做事有条不紊，观察能力强，注重细节。他们特别注重专业知识、工具书和条理性。你在活动开始之前也要考虑到他们。

在他们报完名后，你应当给他们回一封电子邮件。邮件内应注明活动的时间、地点、交通线路、停车场信息、附近宾馆的位置以及其他特别的要求。另外，还要告知听众需要携带何种物品，如有疑问应与谁联系。

海豚人格

海豚人格的人喜欢在聚会时标新立异。例如，有些聚会要求参加者穿白色服装，而海豚人格的人却穿一身红装而来。他们这样做并不是为了破坏规矩，而仅仅是因为感觉这样做比较有趣。

海豚人格的人从一开始就需要得到别人的认可，这样他们才能集中精力听你的演讲，而不受到其他因素的干扰。

允许你猜三次：在活动中，什么时候让海豚人格的听众参与到他们最喜欢的表演环节？回答正确——还没有进场的时候！我们团队成员手举着牌子在会场入口处欢迎他们，牌子上写着"聚会不需要理由"，并和他们挨个击掌。

欢快的背景音乐从一开始就没有停过，还有一个充气城堡等待着听众征服。你的活动应当给予海豚人格的人一个表演的舞台，让他们参与其中。

鲸人格

鲸人格的人总是乐于助人。他会考虑到所有的人，喜欢和谐的氛围。如果你问一个鲸人格的人是否能帮你明早8点搬家，他会很爽快地答应，并且给所有的人准备好咖啡和面包，并叫来其他鲸人格的朋友来帮忙。鲸人格的人喜欢家庭般的氛围和团队工作。友善和鼓励的话对他们来说非常重要。

如何在活动中赢得鲸人格的人的喜爱？

要在会场室外就开始取得他们的信任。在这里，活动团队成员手中举着牌子欢迎每一位听众，牌子上写着"哇，你真棒！"

或者"你是超级明星!"等内容。团队成员对每一位听众报以友好的微笑。

会场内部需要精心装饰,并营造出一种温暖亲切的氛围。无论是在会场入口,还是在签到处或商品台,我们团队的每一位成员都会以自己的微笑告诉听众:你能来,真是太好了!这能令鲸人格的人感动不已。

另外,我们在卫生间配备了糖果、香水和湿巾。这些物品除了有实用功能,还能让听众感觉到自己受到热情接待和全心呵护。

盥洗台镜子两旁粘贴着一些鼓励或赞美的话语,如"你看起来美极了!"。当听众重返演讲现场的时候,我的团队成员会再次致以诚挚的欢迎。听众的座位上还放着一些如小熊橡胶糖之类的小赠品。

此时,鲸人格的听众会想:"这里的人太友善了,真棒!"

鲨鱼人格

鲸人格的人总是问自己能给予他人什么东西，而鲨鱼人格的人更关心自己能从他人那里获得什么东西。

鲨鱼人格的人总喜欢听到别人谈论自己的优点，并认可自己的重要性。鲨鱼人格的人在交流中直来直去，非常注重自己的外在形象。他们喜欢奢侈品，总是穿名牌服装。

如何在活动中赢得鲨鱼人格的人的喜爱？

活动现场也应具备鲨鱼人格的听众注重的细节。鲸人格的听众和鲨鱼人格的听众对于现场的一些标语会有不同的理解，如"你能来真是太好了！"。后者会认为这是在指他自己，而不是别人。但这样的文字总能达到相同的效果：鲨鱼人格的人也会觉得自己受到重视，从而有一个好的心情。

我们的活动专门为鲨鱼人格的听众安排了可提前预订的贵宾座位。鲨鱼人格的听众注重效率、特殊的地位和舒适性。由于提前预订了贵宾座位，他们不必花时间在听众席里寻找自己的座位。这种安排有助于提升你在鲨鱼人格听众中的威望，他们也会信赖所有的活动安排。

切记：你不可能取悦所有人。不是每个细节都适合每一类听众。鲸人格的听众喜欢使用环保的铅笔，但鲨鱼人格的听众对高档的万宝龙圆珠笔情有独钟。这一切是否可行并符合你的价值观？记住，你自己的判断也很重要。

为什么赢得每一位听众的心很重要？因为如果听众在活动中心情舒畅，感到被尊重，那么这就为你的演讲创造了一个理想的外部条件。如果你做不到这一点，那么听众会干扰到你的培训或者演讲。我不想吓唬你，但是的确有听众会起哄，有的则愤而离席，你会经历所有这一切。我对我说的话负责。

但是你可以为此做好充分准备。现在你知道了，该如何通过创造活动的外部条件来满足所有四种人格的听众的需求。你将在"神奇的模板"一节中，详细了解到如何通过演讲的内容、语言和形式来吸引听众。

你计划为这四种人格的听众做哪些准备？把你的想法写下来：

_____

_____

_____

_____

_____

_____

开放的系统与封闭的系统

设想一下这个情景：你的演讲日到了，听众鱼贯而入，你给大家留下了深刻的印象，所有人聚精会神聆听你的演讲。这是多么理想的情景啊！

但是事情有可能不那么顺利，现实与预期不同。此时你应该体谅一下听众。大部分人在听你演讲之前只是度过了一个平凡的上午。尽管他们人已经来到现场，似乎在聆听你的演讲，但实际上他们的思想还没有完全集中，而是被其他事情所干扰。

他们现在在想什么呢？他们还在想着刚刚发生的事：停车位已经满了，新闻又传来了坏消息，老板要求你提高下个季度的销售额。另外，丈夫或妻子有点烦，孩子太闹，等等。你认为这些事有助于他们认真听演讲吗？

当然不能，效果恰恰相反。我在大大小小的舞台上做过无数次培训和主题演讲，因此可以负责任地告诉你：听众必须首先被引入一个封闭的系统中，这样才能更好地集中注意力听演讲。他们必须身在心也在，并且形成一个团队。此时你才能调动他们的积极性。

但是如何才能在几分钟之内把背景各异、性格不同的听众拧成一股绳呢？怎样让他们心无旁骛，学有所获呢？

方法其实很简单。我们使用的方法古已有之：那就是"仪式感"。这里的仪式感并不是转动魔法石或者焚香祈祷。营造演讲现场仪式感最重要的目的是让听众重新认识自我，并且让他们有一个愉悦的心情。

　　我采用的仪式是在培训和演讲时总是使用固定的背景音乐，让听众跟着鼓掌、跳舞和欢呼。目的在于令听众打破距离感，形成互动的局面。听众可以互相做游戏或者击掌。如果同时你还能用语言激励他们，那么效果会更好。例如，在一场金融知识培训课上，你可以说："和你旁边的人击掌，并且说'你就是百万富翁！'"此时听众会友善地对着身边的人大笑。

　　现在所有人都已经放松了心情，并且拧成了一股绳。这种仪式感必须不断重复才能充分发挥作用。我会在每次休息的时候重复这个过程，或者根据活动的时长在课程当中进行。一个练习只有重复做三遍，才能在听众中固定下来成为一种仪式。你一定也很熟悉仪式感的作用和引发的情感，因为生日聚会和圣诞节不就是一种仪式吗？

　　还有什么因素能让听众团结起来？答案是让他们一起跳舞、欢呼、鼓掌、相互鼓励，有些人甚至互相拥抱表达敬意。这样做的结果是听众拉近了彼此的距离，并且更加熟悉对方。这能营造出一种团结互助的氛围。

　　仪式感就像是和好友的一次握手，能使人们团结在一起，标志着一种归属感，并能增强演讲期间的外部氛围。

　　一旦听众把这种仪式感内化，并产生一种归属感，那么他们就能敞开心扉接收新的信息，并积极做练习。开始的互相熟悉过程让听众抛弃了陌生感。这是我们完成下一步工作的前提。

想想你有什么好的仪式，把它们记下来：

_____

_____

_____

_____

_____

_____

_____

_____

荣誉准则

对于演讲的外部框架而言，荣誉准则是最重要的内容之一。特别对于培训师或者公开演讲的组织者而言，荣誉准则是最有效的工具。你即使希望通过做练习和活动来活跃演讲气氛，那么也不要忘记和现场听众共同制定一套规则。

我曾在消防队当过一段时间的卫生员。那里的规则是"如果我们一起进入燃烧的房子，我们就要一起出去！"这不是一条普通的规则，而是一种荣誉准则，对于生命至关重要。不遵守规则的行为司空见惯，我们所有人几乎每天都在做这样的事情，如开车不遵守交通规则。

相反，违反荣誉准则会降低一个人的诚信度。这样的违规行为会损害你的信誉，并减少别人对你的尊重，因为你首先不尊重对方。

你如果曾经参加过我们的活动，就知道我们会做一些非常疯狂的练习，目的是让人们走出他们内心的舒适区。我们一起做一些活动，让听众与自己内心的恶习进行激烈的斗争。要做到这一点，我们需要荣誉准则。

但是，如何将荣誉准则融入培训或演讲当中？如果是主题演讲或简短的演讲，你不需要这样做，因为通常没有人挑战个人极限，他们必须得到保护。而对于时间较长的演讲和培训而言，荣誉准则是必不可少的。它不仅能确保活动有一种良好的外部氛围，而且还能为你和听众提供安全感。

如何制定适合活动内容的规则呢？要注意的是，你不能单方面制定规则，而应该和听众共同制定规则。听众人数越少，就越容易使他们参与到制定规则的过程中来。

我们的团队在活动中也遵循荣誉准则。每次活动开始之前，我会询问现场听众：给活动营造最好的外部氛围需要哪些规则？这些规则要同时适用于组织者和听众。例如，我们向学员们承诺，一定要付出百分之百的努力，而且要准时到场。如果听众没有提及我认为重要的一个规则，那么我会把它作为建议提出来，并询问听众是否愿意接受这条规则。

可是如何与数百名听众一起制定荣誉准则呢？为此我会利用一些简单的故事。我经常提到的就是"百分之百原则"，这是我荣誉准则的主要内容。

　　为了向听众解释在培训中必须全身心投入的重要性，我喜欢用飞机做比喻。

　　"我想和大家谈一个非常重要的事。你们有多少人坐过飞机？"我举起我的手，以鼓励大家参与回答。许多人也举起了手。"太好了，人不少。如果你坐在飞机上，飞行员宣布：'女士们，先生们，我们今天想做一个实验，起飞时我们的飞机只用发动机80%的功率飞行。'你会有什么感觉？是不是觉得不安全？飞机这样能起飞吗？"

　　听众高声回答："不能。"我继续问："那90%呢？"我再补上一句："飞机什么情况下会起飞？"听众高呼："100%的时候！"我认可了他们的回答："说得没错！"。我接着解释说："我们一整天都需要你们全身心投入。现在唯一的问题是你是待在原地不动，还是希望像飞机一样起飞？有多少人愿意像飞机起飞那样付出百分之百的努力？"此时听众高高举手，我立刻在挂图上用大字写下"100%"。

　　我是这样处理每一个要点的。我利用比喻或者自己经历的故事，去解释每个内容的重要性。

　　但是正如我所说，问题的最终答案从来不是来自我，而总是来自听众。我只是以这样的方式讲述故事，"百分之百"或"准时"这样的词语肯定会由某个听众提出。如果某个听众提出另一个我自己没有想到的概念，而且非常合理，我就立刻把它写下来。

荣誉准则通常会包含下面这些概念：

■ 百分之百；

■ 乐趣；

■ 团队；

■ 尊重；

■ 赤子之心。

如果有人违反荣誉准则，当然也必须承担后果，这样才能体现荣誉准则的重要性。我们公司中违反荣誉准则的人通常会捐出50欧元给慈善机构。

但在举办活动的时候，这个荣誉准则对你有什么作用？很简单，当你注意到现场听众的热情在下降时，你可以问他们："我们今天说好了要投入多少激情？"（听众高喊："百分之百！"）。"那现在是百分之百吗？"(他们大喊"不是！"）。"好吧，那就再来一次，这次必须百分之百投入！"

当然，这只是一个例子而已。你的荣誉准则可以包含所有对你来说重要的内容，并适合你组织的活动、培训、讲座和演讲。但重要的是，你自己必须遵守你制定的荣誉准则，并在听众中贯彻执行。

这个过程可能十分艰难，但效果非常好。我的许多企业客户已经将这个方法整合到他们的内部流程中。例如，一家大型软件公司在每个会议室都配备一个储蓄罐。如果会议期间谁的手机响了，或者有人迟到，这些"规则破坏者"必须立刻向储蓄罐内投入10欧元。公司在年底将这笔储蓄翻一倍，捐赠给慈善事业。

如果整个团队充满活力，他们也会为违反荣誉准则的行为制定其他的"惩罚方式"，而且相当有创意。例如，受罚者在全体成员面前背一首诗，或者表演一支搞笑的舞蹈。大多数人觉得这很难堪，因此就不会再迟到或不将手机静音。你作为演讲者或培训师更应该遵守荣誉准则，因为你是学员的榜样。

看似容易，实则困难

我经常听别人说："托比，我也想从事你这样的工作。你站在台上，讲点东西，然后就可以回家了。"

我的工作看上去也的确是这样的。但是很少有人知道，这份工作还有其他更多的内容。给现场听众注入能量并唤起他们的激情，这远比对着PPT照本宣科难得多，后者谁都会。

为什么大家都爱看科幻电影？因为它能把我们带入一个全新的世界。虽然理智告诉我们，自己并不身处"女妖之国"或者浩瀚太空，但是此时发挥作用的不是理智，而是情感。这才是铭刻在我们内心的东西。

我经常提到所谓"简单的秘密"。我的演讲活动简单而轻松。在最理想的情况下，这种轻松的感觉会传递给听众。你如果仔细分析我们举办的活动，就会发现所有的小细节都经过精心的设计。

你也许会问，我成功的秘诀是什么？几十年来，我尝试和分析了各种方法，向世界上优秀的演讲者学习，像酿造一瓶好酒那样提炼出最佳方案。这个过程虽然漫长，却是值得的。你应当找到适合自己的办法。希望本书能给你带来一些启发，令你不断超越自我。

为了便于理解，我给你透露另一个小秘密：我迄今为止最大的一次主题演讲是在科隆的朗盛体育馆举行的，现场听众超过了15 000人。为此我持续练习了一年时间。我专门聘请了一名作曲家，以便使现场音乐能够配合我说的每一句话。演讲举办之前，我还就一些内容征求了数百人的意见。

看起来是不是很简单？其实非常困难。

整个过程和开车一样。我们开车的时候要完成一系列的动作：挂挡、踩离合、刹车、踩油门等，我们几乎不用思考。可是你第一次开车的时候可能会想：我不可能同时完成这么多动作。

作为一名优秀的演讲者，你在舞台上要做的事情也不仅仅是说话。你要把众多因素串联起来，形成一个过程，并给听众传递出一种"轻松"的感觉。

回忆一下，你现在开车为何如此轻松？是的，通过练习！你在驾校可以学到开车的技巧，而说话的技巧可以在我们的"公开演讲学院"讲座和"赢得舞台"这门公开培训课中学到。

世间万物互相关联

我们人类总是希望能找到一把万能钥匙，如一件事、一句话或一种完美的方法，通过它们，世间万物可以立刻走上正轨。但是和生活中的其他领域一样，要在演讲这个美妙的行业中脱颖而出也没有一种简单的方法。你肯定知道，所有看上去简单的事其实都很困难。

而在你的活动和演讲过程中，创造完美气氛的元素不可能只有一个。恰恰相反，"世间万物互相关联"的原则非常重要。静下心来把这句话多读几遍，好好体会一下。演讲的吸引力源于所有精心打造的细节，它们最终像拼图的碎片一样组成一幅美丽的图画。

以我为例，你前来参加我的"个性训练大师课"，然而此时你还处在所谓的"开放系统"中，脑子里还在想着别的事。怎样才能让你顺利地进入我的演讲世界呢？

在演讲场地的大门外，一群情绪高涨的工作人员正在迎接你的到来，并衷心感谢你能够光临现场。

场地内，欢迎活动仍未停止：你在这里看到了很多情绪更加激昂的听众。场地内所有路线都有清晰的标志，所有细节都经过精心而体贴的设计。甚至在洗手间内也悬挂着鼓励性的标语。进入演讲大厅，你会发现你的座位上有环保材质的笔记本和笔。活动现场还提供各式小甜点。绚烂的灯光和令人振奋的音乐让你心潮激荡，并慢慢融入我们的世界。

这些事说明了什么？听众可以觉察到，你是否自始至终都在发出连贯的信号，或者只是用几个简单元素制造一种假象。

如果你所做的一些事并非发自真心，听众会一直对你持有怀疑态度。相信我的话！我们的工作人员为活动现场细节所付出的真心是我们成功的关键。

此外，你还应该拥有自己的网站，并且在每次演讲后把所有学习材料通过电子邮件或者社交媒体传递给听众。注意：你的语气一定要真诚，并给予对方尊重和鼓励。

世间万物都是相互关联的。

第七章

赢得听众

留住听众的关键是能够和听众进行成功的沟通。除了把听众分成四种动物人格之外，还有其他一些与听众拉近距离的方式。下文将详细论述。

实话实说

有一种方法能让听众融入你的世界，这个方法叫作"实话实说"，它能够体现出你的体贴和关心。例如，如果人们已经被PPT折磨了好几个小时，精疲力竭地坐在椅子上，你可以问："你们中有多少人有点累，想去休息一下？"或者如果房间里特别热，你可以问："你们有多少人现在宁愿在室外游泳池里，也不愿在这里开会？"这样你能赢得听众的心，因为他们觉得终于有人说出自己的心里话了！

2015年3月的一天，我幸运地掌握了"实话实说"这个技巧。在为某大型餐饮企业进行服务培训时，一些学员的面色突然凝重起来，一位女士看了一眼手机后开始哭泣。到底发生了什么事？原来，一架德国欧洲之翼航空公司的飞机在阿尔卑斯山坠毁。

我立刻针对这个新情况做出了反应。我和大家坐在一起，我的心情同样十分沉重，我还倾听了他们的想法。在这种情况下，你绝对不能继续工作，因为我们的行业有一个重要的原则：人的精神就像降落伞，只有在打开时才能工作。

相信我，我经历过各种各样的事：举行公开课的酒店发生火灾；一名学员把一瓶汽水洒到她昂贵的手提包里而发出惊叫；还有一名学员整整四天示威似的把脸一直对着墙壁。你将在下面的章节中学到，如何对待这些难缠的学员和骚扰者。

这里有两个简单实用的"实话实说"提问话术：

- "你们当中有多少人不想待在教室，而是想去别的地方？"
- "有多少人正在想着这个地方？"

尤其在那些学员不愿意参与的培训课上，这种提问始终行之有效。当然，这些问题应该转化为你自己的话，还要适合当时的情景。

大雁策略

如何在活动中强化听众的集体感？如何提高他们的接受力和学习的热情？这里就要使用到所谓"大雁策略"。

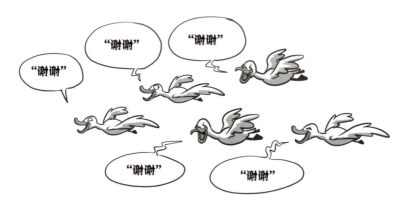

你在秋天一定看到过，大雁能够以一种完美的V字形向南飞行，间或还能听到它们发出的叫声。我想，它们一定是以这种方式感谢那只领飞的头雁。

现在你肯定会问，这与培训或演讲有什么关系。我认为，每一个取得成绩或做出贡献的学员都应当得到他人的关注和赞赏，这一点十分重要。例如，某位学员的发言丰富了授课内容或班级的荣誉准则，那么做出这些出色表现的人应该受到赞扬和激励。为什么要这样做？因为很少有公司会通过表示认可的方式来表彰团队成员良好的表现，而我们充分运用这种方式创造了良好的外部氛围。

激励和赞赏学员的方法包括：

- 击掌；

- 延长休息时间；

- 做游戏；

- 鼓掌；

- 起立鼓掌；

- 给表现出色的学员赠送小礼品；

- 庆祝学员的生日或其他纪念日。

许多事乍一看似乎是天经地义的。对于那些健康和强壮的候鸟而言，在飞行过程中为鸟群倾尽全力也是分内的事。尽管如此，鸟群中的鸟还是互相表示认可和感谢，并相互激励。

轻松的沟通语言

我认为轻松的语言沟通方式能带来许多好处。你在本书或者我的演讲中也许已经注意到这一点。但只有在外部条件允许的情况下，这种轻松的沟通方式才能发挥其效果。

在我的主题演讲中，我也喜欢使用更加轻松随意的表达方式。我在演讲刚开始时的表达一般比较正式。当我觉得已经与听众渐渐熟悉时，我的语气就会轻松起来，例如，我会这样说：

"我们今天不要那么一本正经好吗？今后我们在街上碰见了，你们还是把我当哥们，行吗？"大多数情况下听众会哈哈大笑，气氛一下就轻松下来了。

使用轻松随意的语气有何好处？我在演讲中希望能够触动人们的心灵。这样的语气恰好能满足这一要求。我希望听众能够体会到，在我心里，你们是最重要的。我重视的不是你的职业，不是你的名望，而是你这个人，一个有梦想但也有恐惧的人。

神奇的模板

你认为演讲中哪个部分最重要？没错，刚开始的几分钟。此时你要面临两个大的挑战：听众（不集中）的注意力和你紧张的心情。因此你的演讲一定需要一个完美的开局。

你是否曾经想过，为什么有些演讲者和培训师从第一秒起就能吸引听众，而其他人却做不到？

现在我给你介绍一个神奇的模板，同时提醒你注意，我接下来正在把这个方法一步步运用到你身上。

请你再读一下本节各段开头的前三句话。你仍然会不清楚我在说什么。现在我将向你展示那些伟大的演讲者所采用的技巧。一旦你理解了这种方法，你就会发现它非常简单，任何人只要稍加练习就能运用。

正如我前文提到的，我的许多同行在演讲或上培训课时，只是自吹自擂。他们谈论自己所谓的能力、学位和资质。所有听众只听到"我，我，我"。但听众首先对谁感兴趣？是你还是他们自己？

学员来参加培训是为了他们自己，而不是为了你。因此，用已沦为他人笑柄的"德式演讲法"来开始你的演讲是一个严重的错误。前文已就此进行了论述，想必你不会再犯这样的错误。

下面的方法将使演讲的开始部分完美无瑕。你只需要记住模板上的这些步骤，并补充上自己的内容。

感受现场氛围

上台后，你应该花点时间感受一下现场的氛围。听众热情吗？他们紧张吗？情绪是否低落？心里是否充满期待？抑或是非常放松？你静静地站上几秒，感受一下现场气氛。

此时你第一次有机会近距离接触听众。你应保持微笑，注意肢体语言，因为它反映了你的内心状态。不要低头，后背挺直，肩膀放松，双脚站稳。

演讲者在台上要展现出自信和魅力，这样才能给听众创造一种完美的外部氛围。

你在环顾现场的时候，要找到那些能带来激情的听众，他们会向你报以微笑并发出接纳的信号。同时你还得发现那些潜在的麻烦制造者，并观察一下坐在你前面的听众属于哪种人格类型。这样你的开场白才能做到有的放矢。

给你一个非常重要的小建议：如果现场听众人数较多，那么你应尽可能使自己的着装风格与听众保持一致，因为人们总是会对与他们相似的人产生好感。例如，当我注意到大多数人没有穿西装时，我会立即脱掉我的西装。

两个问题

你可以将一个"扎心"的问题作为开场白，例如，"你们当中有多少人曾经听过糟糕的演讲？"然后提出第二个问题作为解决方案，来缓解他们无奈的情绪。

举一个我在"公开演讲学院"课程上的例子：

■ "你们当中有多少人曾经听过糟糕的演讲？"（此时我会举起手，听众也会这样做。）

■ "你们当中有多少人想要得到一个全面的解决方案，避免今后自己也犯同样的错误？"（我再一次举起手，听众仍然重复这个动作。）

为什么要这样做？记住，通过这种方法，从你的第一句话开始，你就抓住了听众的心，明确地表明了此次演讲的主要内容。也就是说，本次演讲的主要内容不是关于你自己，而是关于如何提升听众听讲座的附加值的。

没有人愿意忍受糟糕的演讲带来的痛苦。如果你能提供解决方案，那么听众至少在接下来的几分钟里愿意聆听你的意见，然后他们会渐渐信服你的能力。

提出上面这两个问题有何技巧？我的建议是永远不要问听众"谁"做过什么或经历过什么。这个问题会割裂你的听众。你应该问"你们当中有多少人"了解你谈论的主题。因为这样的提问技巧可以涵盖所有的听众。"你们当中有多少人"是一个开放性的问题，每个人都可以对此表态。

理想情况下，你的问题应该面向所有听众。他们回答完毕后，你应该报以简短的感谢。再举几个提问技巧的例子。

关于保险：

- "你们当中有多少人认识那些被保险折磨到发狂的人？"
- "你们当中有多少人想了解他们怎么能得到正常的保险费？"

关于教育：

- "你们当中有多少人认为教育是一个真正的挑战？"
- "你们当中有多少人希望得到教育大师的秘籍？"

现在请你写下几个你认为理想的开场白：

_____

_____

_____

_____

_____

_____

名字与主题

现在你终于可以说说你自己了。别高兴得太早，此时只能提及你的名字和解决方案。

举个例子：你的问题是"你想知道一名优秀的演讲者如何设计开场白吗？"接下来你可以介绍你的名字和你演讲的主题。我通常会这样说："我叫托比亚斯·贝克，我的工作正是向你们展示这种方法，以便让你们每个人在最糟糕的日子里表现得比别人更出色。"

先说这么多。别担心，在本章最后一部分，你还会学到如何在听众面前做一个专家。

还有一个小建议：在介绍自己的名字时，你可以把右手放在胸前。这有助于听众在潜意识里把你和你的名字完美地联系在一起。

致谢

接下来你应该感谢各位听众的到来，感谢他们付出了时间和金钱来参加今天的活动，感谢他们虽然有自己的家人要陪伴，但仍然在这样一个美丽的星期天来到现场，诸如此类。

你应该展现出听众的热情对你来说非常重要。正是由于这个原因，你必须让在场的每个人都尽可能学到更多的东西，这是一个发自内心的愿望。这一点必须要体现出来。

更加职业化的做法，是致谢时可以将右手再次放在胸口上。这个举动表达了你的真诚，并突出了你对听众积极参与的感谢。

致谢时必须有真情实感。如果你把手放胸口上向听众致谢，但实际上你并没有这样的想法，听众是能够察觉到的，并对你产生不信任感。

我能学到什么？

听众从聆听你演讲的第一秒就会问自己："我能学到什么？"对于这个潜藏在听众内心的问题，你应该给他们一个满意的答案。只有这样听众才会继续认真地听下去，而不会打断你的讲话。

你应该给每种动物人格的听众一个听你演讲的理由。在"四种动物人格"一节中，你可以找到关于猫头鹰人格、海豚人格、鲸人格和鲨鱼人格的重要信息。

例如，你的演讲内容是"如何运用模板"，针对不同类型人格的听众可以这样表达：

对猫头鹰人格的听众，你可以这样说："演讲结束后，你们将得到包含所有授课内容的材料。"

对海豚人格的听众，你可以这样说："我们今天的讲座轻松愉快，富有乐趣。"

对鲨鱼人格的听众，你可以这样说："接下来三小时，我们将仔细研究你如何利用模板吸引听众，并让他们继续预订你的演讲。"

对鲸人格的听众，你可以这样说："对我来说，我们大家作为一个团队一起工作也是非常重要的，这样才能使你在第一次现场使用模板时有一种良好的感觉。"

你针对不同人格的听众有什么好的答案？把它们记下来吧！

_____

_____

_____

_____

_____

_____

获得专家身份

你可能已经迫不及待地等待着能以专家身份登上演讲台。但是你有什么资格在听众面前就某个话题侃侃而谈？首先，你需要掌握相关领域的数据和材料，并把这些信息传递给听众。

顺便说一下，我曾经认为大脑左半球负责理性，大脑右半球负责感性。然而，这种二分法现在已经过时了。你不能孤立地看待大脑的这两个半球。相反，它们是作为一个整体在发挥作用，而不是单打独斗。

尽可能把大脑中所有区域联系在一起，这样才能把负责逻辑和分析的区域与负责情感、直觉和幻想的区域结合起来。因此你必须尽可能多地激活听众的感官。这将使他们始终保持清醒的头脑和专心的态度，并希望继续聆听你的演讲。更重要的是，你会被听众记住！

如何获得专家的身份？首先，这个身份必须符合你演讲的主题。例如，如果你的演讲主题是房地产，那么你的生物学知识或心理学知识无法证明你在这方面的专业能力。

我举一个例子，这个例子我曾经在"公开演讲学院"课程开始时使用过：

二十多年来，我作为演讲者举办了数千场演讲和培训，并在数十万人面前现场演讲。从小班上的20名学员到科隆朗盛体育馆的15 000多人都曾经是我的听众。通过这些演讲，我在网上接触到数以百万计的听众，同时也达成了几百万欧元的销售额。然而，我唯一的热情在于把其他人也带到舞台上，因为我相信每个人都有自己的故事。

你能看出来使用哪个大脑半球吗？

再举一个例子：

在20年的飞行员生涯中，我的起飞和降落次数超过一万次，并在全球范围内安全运送了10多万人。现在，我非常希望将这些知识传授给其他人，激励他们飞行。

你有什么想法能够为你赢得专家身份？把它们记下来吧！

_____

_____

_____

_____

_____

你的动机

现在我们该进入演讲中最重要的部分：你自己的故事。

此刻，听众已经迫不及待要聆听你的演讲。现在你必须为接下来的内容营造氛围。此时要敢于摘下自己的面具，展示真正的情感，并要表现出为什么对这个主题特别感兴趣。

此刻，我总是用这句话作为我的开场白："我想给你们讲一个故事。"说这句话的时候，我改变了自己在舞台上的位置。我经常坐在椅子上或舞台的边缘，这样能更加吸引听众的注意力。这在行话中被称为"走位"。

讲故事时不要一直沉浸在情绪的波涛中，有时也需要冷静。

举一个我自己的例子：

我的生活中有一段我很不愿意回忆的时光。我当时大约12岁，进入了一个团体，在那里我被禁止与这个团体以外的人接触，更不允许我与同学接触。违反规定的人会受到严厉的惩罚。

那是一个炎热的夏日，我记忆犹新，仿佛一切就发生在昨天。大约200人坐在一个房间的长椅上，天气潮湿闷热，天花板上的木头吊扇呼呼作响。舞台上有一把被灯光照亮的椅子，那是违反规定的人坐的位置。

我吓坏了，汗珠顺着我的脸颊淌下。"我们听说你与这个团体外的同学有联系。"有人开始指控我。

有人告发了我，惩罚开始了。我只得坐在椅子上，台下是一张张愤怒的面孔。此时他们站起来对我大喊大叫。那一刻我做了一个决定：这场噩梦结束时，我必须离开这里，我永远不会让任何人再禁止我讲话。我要大声说出我的想法，并帮助其他人也勇敢地说出自己的心声。这就是我成为演讲者的原因！

当然，这样的开场白只有在与事实相符的情况下才会奏效。你需要了解自己演讲的动机，例如，你今天站在演讲台上的初心是什么，它因何成为你关心的主题？

你演讲的动机是什么？想一想为什么这个话题如此打动你，

以至于你今天要去谈论它。这种思考不仅能影响你的听众，同时也能给你带来激情和动力，使你更加专注于你的目标。

调整焦距

和照相一样，你在讲故事的时候也可以"调整焦距"，这样能使听众增强身临其境的感受。

先举一个没有焦点的例子：

我的小儿子埃米尔在度假时问我："鱼会吃什么？"我回答他："可能是海藻或其他东西。"他指着大海说："爸爸，你看，它们在吃这个。"我看到了海面上堆积如山的塑料垃圾。

再举一个有焦点的例子：

在泰国的最后一个假期，我带着小儿子埃米尔向大海走去，他两岁的时候还不到我的腰部，总是戴着一顶浅蓝色的帽子。一个古老的棕色木质阶梯通向水中，在阶梯上方游动着一些小鱼，我俩把它们叫作"楼梯鱼"。观看这些鱼已经成为我们早上的例行任务。有一件事令我终生难忘，它将永远改变我对海洋的态度。有一天，埃米尔通过墙上的一个小洞向外张望，他突然问我："爸爸，楼梯鱼在吃什么？""应该是海藻什么的。"我回答道。这时，埃米尔拉着我蹲了下来，以便让我也能从小洞向外瞭望，并且用手指着一座漂浮在海上的垃圾山。从轮胎零件到塑料袋，应有尽有。"我想它们正在吃这些东西，爸爸，这些东西颜色真漂亮啊！"小家伙惊叹道。我心里一紧，泪水夺眶而出。

那一刻，我下定决心，为了成为孩子的榜样，我必须承担起责任，帮助拯救海洋。从那天起，我和我的团队一直与海洋清洁组织紧密合作。

我的体会是用"一盒颜料"在听众心中描绘出一幅具有极大震撼力的画面。这就像变魔术一样：当你掌握了这个工具后，你会发现听众的注意力突然100%地集中在你身上。

无惧脆弱

不要害怕在听众面前表现自己的脆弱，要勇于展示自己真实的情感，因为这是不同演讲者之间的最大差别。如果听众不只是听到你的演讲，而是同时也能感受到你的内心，那么你就已经胜利了；真实的情感使别人无法拒绝你。许多著名的作家都曾涉及这个话题。例如，布琳·布朗（Brené Brown）曾经说过："我们只是喜欢看到他人的脆弱，却不愿意展示自己的脆弱。"这给我们透露出一个重要的信息：不要试图成为完美的人，因为无论是在舞台上还是在生活中，这都是非常乏味的事。

卸下面具，展示真实的情感。我们的社会已经厌倦了各种枯燥的PPT。我们希望看到有血有肉的人，而不是机器人。而好的故事（最好是我们自己经历过的事）要胜于枯燥的数据和事实。这就是所谓的"用事实讲道理，以故事作卖点"。

所有优秀的演讲者都能成功地吸引听众，使听众能对自己的每句话产生共鸣。他们是如何做到这一点的呢？ 答案是他们能够展示自己的脆弱。他们展示了自己真实的一面。大多数人害怕这一点，因为他们认为这是一种软弱的表现。但情况恰恰相反。人性的脆弱是一种秘密武器，它能使你的演讲成为生命的演讲。

第八章

登台演讲

现在该你登台演讲了。许多因素可以成就或者摧毁你的演讲。但是不要担心，优秀的演讲者能从容应对各种情况。如果能把这些方法消化吸收，那么你就高枕无忧了。

肢体语言

你知道肢体语言对于演讲效果有多大的影响吗？许多专家认为至少占75%。因此，你应该潇洒地出现在听众面前，绝对不要站在讲台或桌子的后面。这在20世纪70年代可能非常流行，然而今天重要的是要亲近听众，而不是与他们保持距离。

想必你已经掌握了与听众拉近距离的最重要的方法：微笑。在舞台上，友善的表情真的非常重要，因为它可以减轻你和听众的压力。

你应该如何开场？这里举一个例子。

开始时，你应该双脚稳稳地站在舞台上，立即找到一个合适的位置。

我建议你在这个位置上尽可能自然地移动，正常行走，就像在演讲之外的其他场合一样。

为了给听众展现你的坦率，你可以亮出你的掌心，把它们放在臀部上方的一侧；然后你的双手尽可能自然地活动，正如给孩子讲一个激动人心的故事那样。

这需要一些练习，开始时你可能感觉很滑稽。但是你应该知道：此时重要的不是你，而是你的听众。注意：动作一定要自然协调，只要能做到这一点，你也可以做出一些夸张的动作。

你如果不太习惯使用肢体语言，也不必过分追求这一点。许多听众用眼睛学习。你可以用你的整个身体和最好的微笑来帮助他们。

在右图中，你可以清楚地看到我是如何通过手势向听众敞开自己的心扉的。我的手里还拿着一支大的彩色记号笔。这有什么效果？你将在下文了解到。

下面的建议在你看来也许有点疯狂，对我而言却行之有效。为了保证始终手心张开，我会想象每个手掌上都坐着一个严厉的胖仙女。一旦我的手掌朝下，胖仙女就会愤怒不已，并用她的魔杖戳我的手心。为了避免这种刺痛，我的手会一直张开并且掌心朝上！

你也许会问，我为何如此看重肢体语言？其实这涉及我们行业中经常被忽视的一个因素。如果你希望演讲取得好的效果，那么重要的不仅是你在舞台上的站姿和位置，还包括你如何在听众面前展现自己。只有听众从一开始就对你做出正面评价（没错，我们一直在评价别人），你才有机会通过演讲给自己加分。如果你做不到这一点，有些人就会不断地对你和你的演讲挑毛病。

光环效应

什么是光环效应？首先，这是一种心理现象，这种现象可以让我们根据一个人的第一印象推断出他的一些未知特征，但我们并没有任何真凭实据。举一个典型的例子：一个人如果长得非常漂亮，往往会被认为聪明伶俐和善于交际，因此能够获得他人先入为主的赞美和赏识。反之亦然，负面印象带来相反的效果。因此你在演讲台上的表现就非常重要。

人们在交往的时候很快就会对对方形成一个印象，并因此推想出关于对方的一些故事，当然也包括关于你的故事。这样的故事不一定符合事实，但挥之不去。所以你应该善于利用光环效应，而不是反其道而行之。

回忆一下，你上次是怎样认识一个人的？请你思考下面几个问题：

- 此人相貌如何？

- 他的体态如何？

- 他穿着什么样的衣服？

如果你的回忆足够清晰，我相信你的大脑在那一刻已经告诉你关于这个人的更多信息。因为这就是大脑会做的事情：它会给我们讲故事，而且有理有据。在潜意识里，我们大脑中的计算中心总是希望尽可能多地了解对方。这个计算中心一直在权衡，这个刚认识的人在未来会给我带来危险，还是能带来友谊。简而言之，这个人将来究竟是我的敌人还是朋友？

假设我们现在有一个关于对方第一印象评分等级，分值为1到10，1分表示"完全负面"，10分表示"完全正面"。

毫无疑问，第一印象很难更改。我们在和别人第一次接触时，潜意识就储存了下面这条信息：此人的做事方式肯定也适用于其他事情。那么，这对我们演讲者意味着什么呢？现在思考下面几个问题：

- 你想继续获得演讲的邀请吗？

- 你想获得好的评价吗？

- 你希望听众从一开始就全神贯注地聆听你的演讲吗？

如果你对这些问题都做了肯定的回答，那么给别人留下一个良好的第一印象对你来说至关重要。而这一切从你在举办地下火车或汽车的那一刻起就开始了。也就是说，在你的演讲真正开始之前，你的第一印象就已经建立起来了。此时你的目标只有一个：给别人带来一个完美的第一印象。

如果你在演讲之初就能赢得听众的心，听众就能增加对你的好感，从而提高你的可信度。这会让你更容易地接近你的听众，而且他们的防备心就会减弱。可是，如果你给听众留下不好的第一印象，你就需要花更大的力气向听众证明，你的演讲内容比你的外在印象要好得多。

永远记住：外部条件重于演讲内容。你给他人的第一印象就是外部条件之一。

审视一下自己在台上给听众的印象：

■ 我的衣服看起来是不是好几个月都没洗了？还是从头到脚干净整洁？

■ 我的面部表情和动作表现出我根本没兴趣参加此次活动，还是在台上身形挺拔，眼睛里闪烁着热情的光芒？

■ 我面带微笑了吗？我对每个人都表现出友好和尊重了吗？还是只对那些能给我带来利益的人才这样做？

■ 我是否关心他人？我是否能倾听他们的倾诉？

■ 我有什么样的行动？我的热情到达了哪个层级？我是否在演讲之前就已经付出了100%的努力？

我承认，这非常耗费精力。但听我说：如果你真的希望自己的演讲尽善尽美，那么你必须达到第一印象评分等级中的 10 分。按照我的经验，听众不愿意给那些留下良好印象的人挑刺；反之亦然。

想一想，哪些人曾给你留下良好的第一印象？你能从他们身上学到什么？请写下来。

_____

_____

_____

_____

_____

_____

_____

这里有一些好的方法能帮助你获得10分。

所有人都适用的方法：

■ 微笑；

■ 开放性的手势；

■ 服装干净整齐；

■ 颜色搭配得当；

■ 鞋子一尘不染；

■ 指甲修剪整齐。

适用于女性的方法：

■ 妆容得体；

■ 配饰得体。

要想获得1分也很容易——千万不要这样做：

■ 浑身汗味；

- 满嘴臭气；
- 指甲太长；
- 一嘴烟味；
- 鞋脏袜臭；
- 服装老套。

根据我的经验，还有一样东西可以摧毁你的演讲，那就是假货。如果有懂行的听众看出来你的手表或包是假货，你就可以收拾行李回家了。为什么？因为购买假货说明你并不具备应有的能力。

我的建议是男士应该有一块高档手表，女士应该有一个高档手包，这样你就算入门了。没错，人总是肤浅的。但是，如果你想获得顶级出场费，你必须有相应的装扮。为什么要这样？因为这就是前文提到的光环效应。

注意：为了拔高自己在别人心目中的印象，有人花钱租用私人飞机，只为了在机舱内拍照5分钟，或花大价钱与名人合影。这可行不通，人必须具有扎实的基础、专家的推荐以及一定的专业水平。

我们不需要哗众取宠的人，我们需要那些把自己定位为服务者并希望他人变得优秀的人。与商业界人士建立长期稳定的关系，对你建立长期的商业模式极有帮助。在通往成功的道路上没有捷径，我强烈建议你留下脚印而不是灰尘。

原因何在？德语地区的演讲市场是非常紧密的网络，如果你想进入"思想加油站"、TED演讲[1]或"经验国际"这样的顶级演讲平台，有两件事至关重要：可衡量的结果和来自本土文化圈的推荐。

因此你必须重视给听众留下的印象，绝不要浪费第一印象的神奇作用。

指令模式：你是总指挥

作为一次培训的领导者或演讲者，你必须随时掌控现场，这一点非常重要。这也包括向学员发出清晰的指令。举个例子，你觉得下面这句话听起来怎么样？

"好的，现在最好请大家从座位上站起来，找一个人一起完成下一个任务。"

说实话，听到这个要求后，你会马上起身去找人吗？好吧，我们必须实话实说，你可能会这样做，因为你本人是演讲者或培训师，知道某些练习可以给你带来的作用。

---

[1] TED演讲是美国的一家私有非营利机构，该机构以它组织的TED大会著称，大会演讲会被做成视频放在互联网上，供全球听众免费分享。TED演讲经常邀请某一领域的佼佼者或某一领域的开创人，来讲述自己非同寻常的经历、故事。TED演讲中的TED是technology, entertainment, design（技术、娱乐、设计）的缩写。——编者注

但是对于那些大部分不熟悉我们行业的听众来说情况又如何呢？我们经常和听众做一些富有挑战性的练习，这些练习通常超出了他们的认知范围，而且新鲜刺激。

如果你必须跟着培训师进入一个不熟悉的领域，但他的指令模糊不清，那么此时你会有何感受？你也觉得没把握，对吧？你可能会产生怀疑，或者至少有点犹豫。

假如连培训师自己都没把握，那么还能指望谁呢？谁应该让听众清楚自己该做什么呢？

为了避免这种不确定性，你应该掌握指令模式。语言上的指令模式可以清晰地传递出指令，并使你发出的指令简单明了，同时还有一种不容置疑的语气。这并不是说你对听众应该语气生硬粗鲁。指令模式只是让你的指令简单流畅，从而避免听众出现摸不着头脑的现象。

尤其是做练习的时候，掌握指令模式至关重要。只有这样，你才能使听众更有把握地进行那些大部分他们不熟悉的练习。

现在该你练习指令模式了。记住，你的声音必须洪亮而清晰，你的整个身体都要通过运动参与到表达中来。

- "请起立！"

- "停！"

- "和你的同伴击掌，并且说……"

- "我们休息到上午11点整。请重复一遍，休息到几点？"——

"谢谢！"

- "现在大家分成五人小组！"
- "找到自己的练习伙伴！"

这个技巧也可用于下面这种情况：我为听众准备了一份礼物（如电子书），并把下载该电子书的二维码展示在屏幕上。此时我不会说："如果你们喜欢，可以拿出手机拍张照片。"不，对于这样的指令性行动，我会直接进入指令模式，我会说："现在拿出你的手机，拍下二维码，然后下载你们的礼物。"（我在后文会解释，这个礼物有什么意义，以及为什么这是一个妙招。）

根据我的观察，指令性要求使听众参与的行动率提高了60%。但要确保一点：尽管你发出的指令不容置疑，但语气必须始终友好且尊重对方。一旦正确地掌握指令模式，听众就会对你的要求充满信任感。

避免模棱两可的词语

你一定认识一些说话犹犹豫豫、没有把握的人吧？例如："好吧，这么说吧……投资教育应该来说是对的。"

这个意思用坚定的语气表达应该是这样："必须在教育上投资！"

一名演讲者说话犹犹豫豫、吞吞吐吐是缺乏能力和专业性的表现。因此演讲时应该避免使用下面这些词语：

- 也许；

- 可能；

- 估计；

- 差不多；

- 大概；

- 或许。

我觉得最不能接受的是人称代词"人们"，如"人们也许……"。这里的"人们"是谁？也许是你？这个词语指代太宽泛，不具体，而且乏味透顶。你如果想成为一名完美的演讲者，就不应该使用这些字眼。

　　记住，一定要使用"我"，而不是"人们"，这样你才能带来新的价值。

　　我给你介绍另一个小窍门，如何在演讲中避免出现吞吞吐吐的"呃……呃……"。这招很简单，我开始也有点怀疑。但后来我自己试了一下这个小窍门，发现从此以后"呃"就再也没有在我的演讲中出现过。

　　你说完一个句子，但是想不出下一句话的第一个词，此时就闭上嘴巴呼吸。暂时闭上嘴，忍受短暂的停顿和沉默。这也是一个强有力的工具，可以为你的演讲增加分量。

　　顺便说一下，训练说话流畅性的最好方法是大声朗读你每个月读的四到五本书。你也许会问：每个月要读四到五本书？是的，作为一名演讲者，这是你的新标准。

　　你的词汇当中还有哪些听上去犹豫不决、吞吞吐吐的词语？把它们写下来吧！

_____

_____

_____

_____

_____

_____

鸭子的故事

不幸的是，我们德国人有一种完美主义的倾向。在本节中，我想消除你对犯错的恐惧，鼓励你直接开始行动。我在这方面一直都做得很好。下面的故事就是一个证明。

2005年我任职的电信销售部门解散后，我得到了一份培训师的工作，为德国敦豪物流公司最大的一家供应商做培训。在经历了漫长的心情低谷之后，我再一次充满了工作的动力。我当时的工作是培训销售方面的客户顾问，每天薪酬600欧元。这对当时的我来说是一笔不小的收入。我立即投入工作，收入也随之而来。有一天，我的电话响了，对方问我是否有兴趣给一家餐饮公司做培训。

我问了来电者几个问题。该公司总部设在波恩。我必须去公司总部面试，看了一眼日历，发现周末我受邀参加一个朋友在科隆举办的40岁生日聚会，科隆离波恩不远，所以我决定下周一从科隆直接去波恩。但是生日聚会与我想象的有点不太一样，最终成了一场狂欢。不幸的是，我当时唯一的一条长裤已经没法在工作面试中再穿了。我只能带着一条借来的运动短裤前往波恩。当时我的精神状态也不是特别好。

我穿着运动短裤，带着宿醉后的头疼，进入了位于波恩的新意尚餐饮集团总部。我对该公司的情况一无所知。在餐厅的收银台，我打听了一下邀请我的那个人，得到的回答是"哦，你要见我们的首席执行官？他在二楼。"

我的一句话让前台的那位女士吃惊不已，因为当时我说："餐馆还有首席执行官？看来你们真的需要培训一下。"那位女士愣了一下，把我带到电梯口，我上了楼。在那里迎接我的是一条红地毯。另一名工作人员问我是否是来参加培训师选拔面试的。"培训师选拔？呃，是的。"我结结巴巴地说。

我被带入一个房间，其他八名候选者拿着笔记本电脑和各种材料正在候场。我旁边的一位年轻女士说："如果我得到这份工作，那真是太棒了！新意尚餐饮集团有2000多名员工，他们正在找一个培训师给所有员工去讲课。"

此时我才慢慢意识到，该公司可不是一家小意大利餐馆。但我还没来得及收拾自己的情绪，那名工作人员又进入房间说："我们将按姓氏的字母顺序进行选拔，从贝克先生开始吧。"我的心几乎停止了跳动。我穿着运动短裤，毫无准备地进入面试房间。桌子后面坐着三位先生，就好像"德国达人秀"节目里的评委那样。他们正在等着我的出场。

三位先生面前的牌子上分别写着"首席执行官""财务总监""首席运营官"。那位首席运营官认识我，当时我还在德国电信上班。他对我友好地笑了笑，而另外两个人忙着打量我的运动短裤，这肯定让我在"第一印象"方面损失了5分，因为我的衬衫和鞋子也都不合适。

"您这里有挂图和笔吗？"我小声地问。那位财务总监翻了个白眼，几分钟后拿来了我需要的东西。

现在我的机会来了，我决定抓住它。"你们知道鸭子吗？"我问道。三位面试官一脸错愕。首席执行官点了点头，而其他两人没有任何反应。"鸭子是一种有趣的动物。"我接着往下讲。

"您到底想说什么？"财务总监有点不耐烦地问。"在水面上，鸭子看上去非常放松。它们梳理自己的羽毛，似乎毫不费力地在水面上游泳。然而，在水下，它们的脚却在疯狂扑腾。因为它们必须能瞬间从水中浮出并飞走。"

"然后呢？"首席运营官问道。"试想一下，你们的员工就像鸭子一样，始终光鲜亮丽，对外保持着放松的心情和平衡的心态。然而，在内部，他们会做好一切准备。通过我的培训，他们会掌握提高销售额的时机和方法。例如，让他们的头略微向左倾斜，配上一个迷人的微笑，或者通过使用动物人格模型对客户进行分析。同时，他们会应对各种投诉，独立并合理地解决这些问题。这听起来怎么样，先生们？"

"等我们回话吧，你可以走了。"这是财务总监对我说的最后一句话。两天后，我接到了首席执行官的电话，他说："你被聘用了。"

多年以后，我问他为什么选中我。他的回答是"因为你不循规蹈矩，循规蹈矩实在太无聊了。"

迄今为止，我已经为新意尚餐饮集团做了400多次员工培训以及一次培训师课程，另外在卡塔尔的沙漠和维也纳的巨型摩天轮上为其策划了大型加盟活动。

如何对待骚扰者？

遗憾的是，在演讲现场上，你有时不得不对付一些骚扰者，而这通常发生在你最意想不到的时刻。即便如此，我也有一套应对之法。

首先，你要问问自己，这些人为什么在现场大吵大闹？最好分析一下这个骚扰者是什么人格类型的人。你也许忘了用他自己的思维方式去说服他？你演讲的内容是不是有点复杂，以至于他跟不上你的思路？你是否给他施加了太大的压力？

当然，也可能你做的完全没错，可这个人仍旧无理由地骚扰。

那该怎么办呢？无视这种情况？这是最差的解决方案。无论你愿不愿意，都要看一看这个人现在在干什么。他正准备破坏你演讲的氛围。正如本书反复强调的那样，外部氛围比演讲内容更重要。

如果你无视骚扰者的言语，他本能地会觉得他可以凌驾于你之上，因为你没有应对，而是采取回避的策略。所以这是一种错误的做法。

现在向你推荐一种方法，这个方法多次解救我于各种危难之中，例如，有人曾经对我本人发起攻击，也有人攻击我的演讲和我代表的公司。

我请你从现在开始就使用VGZ方法。这三个字母听起来相当神秘，但实际上异常简单。这三个字母表示三个步骤：V（Vergangenheit，过去），G（Gegenwart，现在），Z（Zukunft，未来）。

最开始，你应该充分理解对方，并在语言上展示出平等的态度，例如，"我理解你"。

■ 首先你进入过去模式："我也有过和你类似的经历。"然后讲一个你生活中的类似事件。

■ 然后你回到现在模式："可是今天我有不同的想法""但是我的观点已经改变了"。

■ 最后你把骚扰者的注意力引向未来模式："给我几分钟时间"。

通过这三个步骤，你首先与对方达成一致，引导他并与他建立起联系。然后，你开阔他的视野，向他解释说，曾经有一段经历使你改变了你看问题的角度。最后，你要为他提供一个解决方案。他很快可能会有和你一样的感受。为了完善这些解决方案，你还要向骚扰者提供讨论的机会，例如"如果还有问题，我们可以在休息时继续讨论。可以吗？"

举个例子：比方说，你正在参加我的"公开演讲学院"演讲课。我刚刚开始解释VGZ方法，但你一个字也不相信，因为你有完全不同的生活经验。

你说："不可能那么容易，我不相信。这完全是胡说八道！"

我可以这样回答："我完全可以理解你的想法，因为就在几年前我也有同样的感觉。我在举办演讲时，总是觉得要记住一些应对骚扰者的套话，而且一直希望在活动中永远不会出现骚扰者。"通过这个方法，你拉近了自己和对方的距离，并使你们双方处于同一个水平线上。

我继续说："后来我从一位导师那里学到了这种方法，我当时也非常怀疑。但我还是试了一下，这个方法直到今天都很有效。"

然后，我进入解决方案的层面，我会说："再给我一点时间，我会给你举一些非常实用的例子，说明如何使用这个方法。" 以此来提醒骚扰者演讲尚未结束。现在从骚扰者的角度来看，你能找出任何反驳我的理由吗？

这种方法不会给对方带来任何压力。相反，你是站在骚扰者一边分析问题。通过开阔对方的视野，你反过来又让他站在你一边。

这个方法还有另一个效果：你把自己放得很低。其他听众也能感受到这一点，因此他们会支持你。这一点骚扰者也能感觉出来！

想一下你可能受到什么样的攻击，把它们记下来。然后运用一下这个VGZ方法。这样你就可以应对各种情况。

_____

_____

_____

_____

_____

红发精灵普姆克和小蜜蜂玛雅也会挨批

我可以很负责地告诉你，不是每个人都会喜欢你做的事情。你在舞台上时，人们会批评你。你不在舞台上时，人们也会批评你。所以你必须有一张厚脸皮，真正为你的梦想而燃烧。过去几年，对梦想的执着和来自亲友的支持一直使我默默忍受着各方的指责。你在成功的阶梯上爬得越高，就越会感觉到"高处不胜寒"。

下面罗列几个我曾经听到的攻击性言语：

- "您太年轻了，不适合做培训吧！"

- "您根本就不懂这一行！"

- "答应我们来的是另外一位老师啊！"

- "一个空乘还想给我解释世间万物？"

- "没你说的那么简单。"

- "纯粹胡说八道！"

下面我们分析一下批评的类型。

对演讲组织工作的批评

许多人会走到你的面前，挑出演讲中各种千奇百怪的毛病。

你的演讲不可能令所有人都满意，因此你必须学会如何处理这个问题。我们的活动收费很高，但提供百分之百的退款保证。如果有人不喜欢我们所做的事情，认为学不到任何有用的知识，我就不想挣他们的钱，因为在我的世界里，这意味着负能量。

对你个人的批评

人们会对你吹毛求疵，并且对你展开攻击。有一些攻击已经远远超出了批评的范畴。但是你也不要忘记，你的演讲对某些人而言也许是一种挑衅，甚至质疑了他们习以为常的生活方式。你的话正好触碰了他们身上愤怒的按钮。

我在网上看到许多针对我的批评。对此我有一套准则，也许也适用于你。记住：仇恨和批评是个逐渐激化的过程。

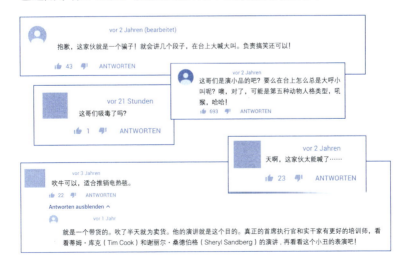

我想给大家讲一个关于这个话题的故事，它让我感动至深。如你所知，我的人生目标之一是让尽可能多的人登上演讲台，用真实的故事来感动和激励人们。在"个性训练大师课"的课程中，我每次都会留出一个讲故事的环节，让演讲新手们有机会在大约1000名听众面前演讲10分钟。我这个故事的主角是一个姑娘，她以难民身份来到德国。她的故事深深打动了每个人。

在那次课程上，我们第一次使用了一种电子反馈工具。总的来说，听众对于这个女孩演讲的评估结果非常好；尽管如此，这个女孩还是突然哭了起来，问我是否看到一条攻击性的评论。

1000名听众中有一位写道："你太假了，化妆难看，衣着也不得体。要是我，早就不待在这里了。"

此刻的一个重要问题是：你应该关注谁？关注那个不喜欢你的听众，还是另外那999个对你热情似火的听众？这位姑娘现在是一位非常有影响力的演讲者和成功的视频博主。当时我把她抱在怀里，告诉她，她是多么勇敢和特别，并给了她一个建议：整理一下你的王冠，补一下口红，继续前进！

负面的反馈往往对我伤害很大。每当这时我总是和孩子们在网上看一看我童年时期的动漫明星——红发精灵普姆克和小蜜蜂玛雅[1]，这会让我感到平静。很难相信，即使是这些无害的、可爱

---

[1] 两者都是德国家喻户晓的卡通形象。——译者注

的角色也会遇到不喜欢它的听众，它们也会受到指责和批评。

即使你年纪幼小，单纯可爱，仍然会有人给你挑毛病。因此你应该放手追寻你的梦想。如果批评的意见没有建设性，你就尽快忘掉它，专注于那些激励你的声音。不要把那些低俗的评论记在心里。评论者的言语只能反映他本人的素质。

如何应对紧张情绪？

登台演讲将对你提出很高的要求。我的感觉是这份职业类似于竞技体育，至少是参加职业联赛。你必须承受巨大的压力，还要不断面对新的问题，而不是躺在功劳簿上睡觉。

每次登台演讲就像第一次约会，没有一成不变的规则，因为你一直都在争取新的客户。只要站在聚光灯下，你就必须头脑清醒，全神贯注。相信我，尽管我在这行也算经验丰富，但每次演讲前我还是会很紧张，演讲结束后经常全身湿透。

怯场是一种正常现象。据统计，41%的人害怕在别人面前讲话。你的大脑可能会告诉你不要这样做。但正如你所知，大脑并不总是正确的。

尽管有15年的公开演讲经历，但我还是会紧张，主要有下列表现：

■ 出汗；

- 失眠；

- 管状视野；

- 易怒；

- 口干舌燥；

- 发抖；

- 双手冰凉。

一旦出现紧张情绪，也不必恐慌。我给你介绍几个减少紧张情绪的办法：

感受现场

每次登台演讲前，我都要花至少一小时走台，并观察现场环境。例如，现场是一个什么样的环境？我站在什么位置？听众的位置在哪里？

听众是坐在桌子后面吗？这对我来说是最棘手的问题，因为这样的话听众就喜欢躲在桌子后面。这样不利于调动现场听众的热情。

我利用所有的感官去感受现场的气氛。如果此时有人在台上，效果更好，这样我就可以看到他人的反应：

- 听众对开场白有何反应？

- 气氛好吗？

- 逗乐听众了吗？

- 听众的热情怎么样？

■ 听众有什么样的肢体语言？

同时我也知道了自己应该带着怎样的激情登台。换言之，我是应该轻点刹车，还是加油全速前进？

能量加油站

我总是寻找那些积极配合我的听众，把他们作为我在现场释放能量的起点。如果有听众身体微微前倾、报以微笑和频频点头，这就是善意的表达，也是释放热情的前奏。一旦我发现这样的听众，我就会在演讲前与他们进行眼神交流，并在后面的演讲中我的眼神不断回到这些听众身上。他们给了我莫大的支持，同时也是我在现场的知音。

现场音乐

每次登台前，我都要听听我自己喜欢的劲歌。这些歌曲都是我精挑细选出来的，只要一按播放键，音乐响起来，我马上就能进入状态。只要我戴上耳机听这些歌曲，我就会心跳加速，能量值爆棚。

做好准备

登台之前，我用心地模拟现场的景象，并不断提醒自己，我个人并不重要，我的任务是为听众提供服务。我把私心放在一边，想象着听众对我做出的反应。我看到了听众的张张笑脸，看到了他们的互动，看到了他们在我演讲结束时起立鼓掌。重要的是，我能够感觉到我把自己正面的情感传递给了人们。

20年前，我第一次观看了安东尼·罗宾斯（Anthony Robbins）的演讲。之后便给自己编排了一套几秒之内就能够激励自己的动作。每次登台前10秒，我会使劲捶打自己的胸部。这个激励自己的动作立刻使我百分之百进入状态，并释放了我无穷的能量。

扔掉负面情绪

有时我也会把一些在《远离垃圾人》节目中遇到的问题带到演讲中。在我上台之前，我必须先把思想中的垃圾处理掉。为了做到这一点，我分开双腿站立，以获得一个良好稳固的立足点，用手臂和整个身体象征性地扔掉消极的想法。我知道压抑的心情于事无补，负面的情绪不能出现在舞台上。

水

我在演讲之前会随身携带一瓶水，这一招非常重要。随着紧张程度的不断上升，我的口腔黏膜吸收了清晰表达所需的所有唾液。如果我在渴的时候才向杯子里倒水，舞台上就会传出令人厌烦的倒水声。此时鲨鱼人格的听众已经在随时准备发起攻击。这就是为什么我总是在湿润了嘴唇后再登台。现在演讲可以开始了。

第一句话

如果你演讲的第一句话就能赢得满堂彩，那么你基本上就稳操胜券了。听众会在几秒内对你形成一个良好的印象。在我的"公开演讲学院"中，我集中练习开场的前三分钟，因为如果在这三分钟内成功了，在剩下的时间里达到预期效果就不难。

让主持人介绍你

当一个优秀的现场主持人介绍我时，我的压力最小。我知道，他真正关心的是演讲者的良好表现。他对你的介绍越好，你后面的演讲就越顺利。为什么？因为被别人赞美胜于自吹自擂。轮到你上台时，现场主持人可以说："刚刚介绍的那个人什么时候来？他一定是个了不起的人！" 这样你就得到了所有人的支持，如果你把自己放得很低，不要把自己看得那么重要，那么你会发现你的演讲会很轻松。

下面是关于我的介绍词，供大家参考。你先读一遍，然后写下自己的想法：

托比亚斯·贝克的辍学经历从幼儿园和小学就开始了，后来又辗转上了五所不同的中学。后来还做过空乘，在大学讲过课。现在，按照《焦点》周刊的说法，他是德语地区中最优秀的演讲者。《经济周刊》这样评论："贝克创造了一种教育娱乐业，这是一种全新的现代学习方式。"他的音频节目《远离垃圾人》上榜后立即排名第一，收听次数已经超过900万次。在汉莎航空公司和欧洲之翼航空公司的航班上都能收听到该音频节目。

他已经培训了数十万人，也是许多知名企业董事长的私人顾问，多年来深受福维克（Vorwerk）、贝塔斯曼（Bertelsmann）等公司的信任。2018年和2019年，他获得听众评选的"年度最佳演讲者"奖。他的教育娱乐事业非常成功：托比亚斯以幽默的手段展示了成功学原则和激励心理学原则。他的两部作品成为畅销书。第一本书《钻石思维：正向改变的12种思维逻辑》被翻译成17种语言，在36个国家出版，成为全球畅销书。他的第二本书《人际关系的重建》也登上了《明镜周刊》畅销书榜。

托比亚斯在大学学习的是心理学，他曾在多所中学和大学举办过免费主题演讲。他还致力于海洋保护和青少年教育工作。

但是要注意：托比亚斯·贝克具有两极化人格，言语既挑衅又夸张。他的演讲门票几个月前就预订一空！他毕生的任务就是使更多的人迈向成功。他和他400人的团队已经走遍整个欧洲。

他的业余时间总是和太太丽塔、孩子玛雅和埃米尔一起度过。

现在该轮到你写了：

_____

_____

_____

_____

_____

_____

演讲经纪人

绝对不要一个人去参加主题演讲，你应该带上一个演讲经纪人。这个角色十分重要，因为有了他你就不必事事躬亲，演讲经纪人会提前给你安排好一切工作，例如：

- 与客户沟通；

- 现场设备；

- 舞台布景；

- 音效；

- 主持人对你的介绍；

- 与主办方交流；

- 提醒要点；

- 准时到场和离场。

此外，一旦出现意外情况，你可以第一时间与他沟通。

如果当天状态不好该怎么办？

至少从外人来看，你不能把不好的状态带入你的工作。有些职业需要你一键切换到位，演讲者这个职业就是其中之一。企业为了45分钟的演讲给你支付了5位数的酬金，结果你在培训日那天告诉对方自己头疼，这当然是不恰当的。你的工作场合必须是一个给人带来快乐的场合。这听起来很肤浅，但的确没人在乎你的感受。只有当听众感觉到你对他们感兴趣时，你才能影响到他们。

我想给你讲一个小故事，这个故事一直深深影响着我：

我的小女儿玛雅在她两岁生日前癫痫发作。尽管我自己也做了多年的护理人员，但当她突然脸色发青、口吐白沫时，我感到完全无能为力。我们赶到诊所，见到了一位医生，她从第一秒开始就竭尽全力，很快就让玛雅的病情稳定下来。这位医生非常和蔼，用我们当时需要听到的话来安慰丽塔和我："一切都会好起来的，你的孩子正在由最出色的医生治疗。"几天后，我去医院为整个医护团队送去了礼物，并再次见到了那位医生。当我问她如何在这种情况下还能保持冷静时，她回答说："当你带着女儿来的时候，我刚刚完成了24小时的轮班，没有睡觉，还有很多急事要处理。但在我的工作中，我总是要付出百分之百的努力。"

这就是全心投入。虽然这种比较可能有点牵强，因为你在讲台上并不能直接拯救他人的生命，但这件事给我带来一个重要的启示：从现在开始，你必须一直付出百分之百的努力，只有这样你才有机会登上事业的顶峰！

名人效应：从名人那里得到帮助

充分的前期准备和出色的专业知识至关重要，这两方面都能使你从市场竞争中脱颖而出。是的，完美的外部框架是必要的。但如果你的演讲缺乏内容，你很快就会被市场淘汰。

例如，我曾在法兰克福大学和杜伊斯堡－埃森大学学了七年的心理学、精神分析和社会学。后来我动身前往世界著名大学学习，并学到了对我的事业极有帮助的专业知识，这些知识直到今天仍旧令我保持巨大的竞争优势。可是这一切与名人有什么关系？我一会儿再来谈这个问题。

你必须学习相关专业知识，并愿意对一个领域进行深入研究。我的兴趣点一直是社会心理学，所以我在位于风景如画的美国密歇根州安娜堡市的密歇根大学学习了该专业的好几门课程。

世界上极为聪明的"大脑"在这里聚集一堂，只为把知识传播给他人。

现在该谈谈名人了。

德国人从小就学会了要质疑一切，并经常训练理性思维，他们特别钟爱数据和事实。如果你的演讲能够巧妙地把有趣的故事和真实的情感穿插起来，你肯定能征服他们的心。

要是你能把一些权威人士的话融入你的演讲之中，听众会更加信服你的演讲。

例如，我在演讲时经常会说："我们今天要做一些练习，这些练习可能会让你不太适应，你可能会怨恨我。但是当你的负面情绪上升时，你的智力往往会下降，这是一个危险的组合。有位名人曾经说过：'愤怒令人丧失智慧'"。

此时听众心里肯定会想："既然连名人都这么说，那肯定没错。"此时权威人士显示了自己的作用。

这还有一个好处：先贤的名言可以使演讲者走出自己的小圈子，并促使自己尽快行动起来，而不只是夸夸其谈，给别人出主意。

在我的培训课上，我经常听见学员们这样说："财务部应该……""销售部应该……"。此时我对他们说："苏格拉底曾经说过，'欲感动他人者必先感动自己'。"

是啊，苏格拉底说得准没错。

想一下，你愿意在哪个领域进行深入研究，以便使你的演讲与众不同并能吸引市场的关注，赋予演讲内容以充分的科学依据？再想想你可以引述哪些先贤的话来打消听众的怀疑。

_____
_____
_____
_____
_____
_____
_____

挣扎

通往演讲台的路上有很多绊脚石。无论你准备得多么充分，上苍总是为你安排了一些障碍。"每个大师都经历过灾难"，你以后会经常听到这句话，因为你的事业过山车已经启程了。我想提醒你，一定要为那些躲不开的困难做好充分准备。你就把这当作一个善意的预警。

注意，一定要为卜列事件做好准备。

■ 有些人会向你承诺得天花乱坠，你会得到很多据说能让你名利双收的邀请。然而99%的承诺都不会兑现，有一些甚至夸大其词，纯属忽悠。记住，你必须拿到白纸黑字的证明，给客户直接打电话，最重要的是，你要听从自己的直觉。只要你一上台，你就成了各种顾问、销售人员和想向你推销东西的人的活靶子。但这样的事不应该发生在你身上，因为你不是一台印钞机！

■学会调整你失落的情绪。许多计划好的事和想象中十分美好的事情在现实生活中都不会如愿。和你并肩出发的人也会抛弃你、欺骗你和背叛你，这让你心灰意冷。但是这是生活的一部分，此刻，你的心灵也学会了成长。有时你会问自己，如果没有张三或李四，你该如何开展业务。我可以向你保证：所有的事都会变得更好，因为命运掌握在你自己手里。

■突然间，很多人想和你结交，因为他们都想从你的成功和影响力中分一杯羹。永远不要忘记那些在你默默无闻的时候相信并帮助你的人。你应该建立一个朋友圈，里面所有成员你都可以无条件信任，他们绝不会从你身上攫取利益。他们往往是家人或老朋友。你还会发现许多人在表面上对你非常友好。这时千万不要自以为是；一旦你的知名度提高，许多人就会意识到巴结奉承你的好处。小心那些过于友好的人，因为盐和糖从外观上是很难区分的。

■学会说"不"：这是我职业生涯中最重要的教训之一。一旦你出了名，每天都会有很多人向你推销各种商业理念和产品。你如果在他们身上花太多时间，就没有精力和时间去关注你的核心业务。我建议你一定要抵制挣快钱的诱惑，应该持之以恒关注自己的事业，因为你没有许多时间左顾右盼。我有一个基本原则：如果有人想从我这里索取，但无法给我正能量的回报，那么我会立即拒绝他。这是我从无数次痛苦的经历中得到的教训。

■ 牢记"10∶1"原则。平均而言，向听众发出10个主题演讲的邀请，只有1个会落实。导致无法成行的原因很多。因此，只要没签合同，你就不要高兴得太早。"10∶1"原则会让你每天都处于忙忙碌碌的状态中，因为要举办10次培训或主题演讲，就必须和客户事先做100次面对面的沟通。公开课也是如此。每个人都会说"我一直盼着这个机会，到时一定会来！"然而10个人中通常只来1个人。如果你希望100人来参加你的培训，那么你必须向大约1000人提出邀请。因此要理性地安排计划，开始时不要过于贪心。

■ "你只不过是个凡人"——这句话曾被用来警告罗马的统治者不要因成功而产生傲慢情绪，然而他们的帝国仍然土崩瓦解。你不能因为自己现在是一名成功的培训师或演讲者就感觉飘飘然，那样你会跌得很重。媒体上每天充斥着各种名人丑闻，他们因为利令智昏而在一夜之间一无所有。你应该始终保持脚踏实地、服务他人的初心。我认为同时做另一份工作也很重要，这样就不会与听众失去联系。因此我在一家大型航空公司的服务部门工作了24年有余，同时还参加了紧急救援队。对我来说，只有为别人服务，赚钱才心安理得。

■ 学会寻求他人的帮助。相信我，总有一天你无法再独自发展你的事业。此时，你应该为其他想帮助你的人腾出空间，并承担起责任。你所要做的就是在这个快速增长的行业中创造就业机会，并赋予周围和公司中的人以安全感。要勇于承认自己的弱点，学会接受他人的意见。以我为例，我的能力也很有限，在组织和安排等方面都需要他人的帮助。

■ 要不断给自己充电。特别是在我们这个行业，没有什么比昨天的成功更短暂了。我不止一次地看到，许多知名的培训师和演讲者的演讲现场已经听众寥寥。他们无法跟上现代科技进步的步伐，新生代的培训师正在崛起。他们绝望地感到自己的生存基础在一步步瓦解。照片墙（Instagram）和音频节目已经完全改变了培训市场，新的技术正在到来。你必须快速应对这样的变化，勇于尝试新事物。难道我喜欢这样做吗？其实一点也不喜欢，但我的使命比我个人更重要，所以我必须不断学习掌握新的技术。

■ 一定要给自己安排休息的时间。每天站在讲台上演讲是一项艰苦的工作，你不能忽视这一点。当掌声平息、听众散场，你一个人静静地坐在酒店的房间里时，孤独感和空虚感会向你袭来，你应对此做好充分的心理准备。沉静自己的心灵，给自己一个放松的空间，这样你才不会被工作撕碎。你不需要外界的东西来填补内心的空虚。我们这个行业许多人的职业生涯恰恰是毁于酒精和毒品。

■始终不要忘记自己踏入这个行业的初心，并不断学习。即使你已经做了一百次演讲，或者举行了一千次的公开课和培训，你也应该永远牢记自己的初心。重要的不是要进入该行业的顶尖行列，而是如何能够始终对自己的工作保持激情。我的导师在40年后讲述同样的故事时，眼里仍然充满了泪水，因为只有这样才能使听众感同身受。当你达到一定高度后，对你来说最重要的就是自律：服务他人，保持谦逊。许多哲学家认为个人发展的最高形式是不间断地学习。所以请你记住：生命不息，学习不止，前途漫漫，携伴同行！

| 第九章 |

演讲技巧与学习技巧

组织演讲和培训的方法多种多样，但其中也有许多方法十分无聊！在这个过程中至关重要的是，如何让那些学习方法各不相同的学员和听众始终保持高昂的情绪，并不断受到激励。本章将讨论这一问题。

PPT：色彩鲜艳，简明易懂

我请你做一个练习：你读到下面"开始"这个词的时候，闭上眼睛想象一些东西。然后再接着往下读。

想象一下一片鲜花盛开的草地。开始！

你想象中的这片草地是什么样子的？是一片黑白相间的小草夹杂着几朵黑白相间的花？还是一片宽阔的草原，绿意盎然，各色花朵点缀其间？可能是后者，对吗？

我的许多同行在讲课时习惯用细小的黑笔在白纸上写字。既然人类的大脑思维辽阔广大，色彩斑斓，那为什么不使用大号彩笔进行书写呢？

活动挂图的色彩越丰富、教室布置得越漂亮、你的演讲内容越丰富多彩，那么听众的潜意识就越开放。我们为什么不利用大脑的这种奇妙功能并有意识地与之合作呢?

还有一个因素也很重要,想一想:如果你走过一个报摊,看到各种报纸,首先映入你眼帘的是什么?说得没错,是文章的通栏大标题。而大标题有哪些特点呢?它短小精悍,直奔主题。

通常情况下,大标题包含的信息多于其字面的表达,而且字号也比下面正文文字的字号大得多。我们在培训课中也可以使用这个技巧。你可以用大号彩笔写下关键词,字号要尽可能大。这尤其适用于记录学员的发言,因为这样的书写方式是对他们勇气的一种鼓励。

同时,你要确保坐在后排的人也能看清你写的字。

不要担心在活动挂图上写了太多的内容。在课间休息时可以把这些有板书的挂纸贴在教室墙壁上,以便学员们课后可以随时观看。

最好别这样

开放的圆

图片上是什么？没错，一个有缺口的圆。我猜你的潜意识已经开始试着填补上这个缺口，并在思考这是什么意思。对吗？

这是为什么呢？原来，人类的大脑热衷于猜谜！每当你在演讲或培训中提出一个大家都能回答的问题时，他们体内就会释放出让自己感到快乐的激素。这些都能提高学习积极性，从而提高学习效果。事情就是这么简单。

因此，我在演讲或培训中经常让听众补充我未说完的话，并提出很多问题。我想给你举一个例子：想象一下，你正在参加我的培训课，我现在开始讲一个故事。

"去年，我在法兰克福参加了一位神父的演讲。我很受启发。他的笑声很有感染力，观点也很有趣。在与听众的问答环节中，一位女士站在麦克风前，讲述了她生活中的困难。她请求这位神父为她祈祷。神父先生听到这个要求后深吸了一口气，皱着眉头，微微挠了挠后脑勺，然后……"此时我突然停止叙述。

在听到故事的最后三句话时，你的脑海里在想什么？你很想知道这位神父先生的反应，对吗？

如果我不把这个中断的圆重新衔接起来，那么你和其他听众都会一直停留在这个故事中，而不会接受其他新的内容。

然而，如果我告诉你，这位神父告诉那个女人不要再抱怨了，而且祈祷也无济于事，你的大脑又会平静下来，因为这个有缺口的圆又重新完整了。

我们人类不喜欢有缺口的圆圈，也不喜欢没有结局的故事一直萦绕在大脑中。但你也可以建设性地利用这一现象。例如，你如果想说明不同主题之间的联系，那么就隐去两个或三个方面的信息，在听众大脑中留下一个有缺口的圆。

同时你要告诉他们，他们一会儿就会明白那些略去的内容。当你把第二个和第三个圆补充完整之后，一定要让听众了解到这些主题之间的联系。但是不要同时设置太多有缺口的圆，这可能会令听众无所适从。

在演讲中你应该合理地使用这些残缺的和完整的圆。在设计演讲内容的时候，你应该站在听众的角度考虑一下效果，这样就能看出来哪些地方还需要改进。

另外，可以让你周围的人预先听一下你演讲的相关内容。他们会给你反馈，告诉你演讲的内容是否逻辑清晰。你最好也提几个问题，以确保对方确实听懂了你演讲的内容。

三种主要学习类型：视觉型、听觉型、参与型

每个人都有自己的学习方式。例如，你在演讲中展示了一些图片，一些听众可能认为图片过多，而另一些听众却觉得还不够。有人喜欢亲自动手实践，必须通过触摸事物才能真正理解事物，而有些人则更喜欢在背景音乐的伴奏下大声朗读。

总的来说，主要有三种学习类型，每一种类型都有其关注的重点，因此你必须为每一种类型做好准备。

视觉型，即通过眼睛学习。针对这类学生，你应该：

■ 准备一个干净整洁的教室；

■ 运用协调的色彩；

■ 不断提升自己的外在形象；

■ 注意自己的肢体语言；

■ 在活动挂图上将自己的解释内容视觉化；

■ 在活动挂图上绘制结构图；

■ 课间时把活动挂图挂在教室的墙壁上；

■ 在幕布上展示图片；

■ 播放视频；

■ 展示有视觉冲击力的画面；

■ 使用图表。

听觉型，即通过耳朵学习。针对这类学生，你应该：

■ 避免出现噪声；

■ 表达要清晰；

■ 在谈到重要内容时要改变声调；

■ 用方言调节气氛；

■ 播放音乐；

■ 让学生复述学习内容；

■ 同时配上恰当的音乐；

■ 给听众提供演讲的音频和其他音频学习材料，以便他们能够复习学习内容。

参与型，即通过亲身体验和动手操作来学习。针对这类学生，你应该：

■ 组织活动；

■ 让学生模仿一些内容；

■ 让学生亲手触摸物品，并自己动手完成一项工作；

■ 不断给予他们鼓励；

■ 注意营造一种充满正能量的氛围；

■ 安排足够的休息次数；

■ 让学生们相互之间进行互动；

■ 设置游戏环节。

这种传播知识的方式为何有效？因为它能激发所有类型学习者的潜能，使他们的精力全部投入到课堂上来。

另外，有一种交流型的学习者，他们更喜欢在小组讨论中交流学习内容；还有一种类型是通过味觉或嗅觉掌握学习内容。目前对后者的研究还不够充分，因此无法对这类学习者有一个合理的建议。但我们很多人都对某些气味印象深刻，并将这些气味与某些回忆联系起来。

前几天我和家人一起旅行，这次旅行让我对不同学习类型的人有了一个深入的认识。因此，我想与你分享一下这个故事：

旅行中，我的母亲高兴地说："看这风景多漂亮，就像画一样！再看看前面的花园设计得多好啊！我简直看不够！"

我父亲则抱怨说："这辆大巴的发动机声音太大了，我根本没法集中精力，而且刹车也在吱吱响。你们听见导游说什么了吗？我可什么也没听见。"

而我姐姐却说："这是什么路啊，全是坑！感觉好几年没修过了。但座位还不错，感觉挺软的。"

你看，每个人都有自己感知世界的特殊方式。在演讲中，你应该尽量考虑到所有类型的学习者，以便让他们学到更多的内容。

超级学习法和暗示教学法

你是否希望学员能够深入理解学习内容，并且永远不忘记？你完全可以做到这一点！我演讲成功的秘诀就是所谓的"超级学习法"。

这种学习方法比其他学习方法更有效。学员可以体验和感受学习内容。在学习的时候，我们通常都会很安静地坐着，仔细听讲。这种学习方法不仅枯燥，而且也不利于大脑吸收知识。很多人在中小学的时候就很熟悉这种方法，但它已经过时了。这种方法只是让学生成为一个被动的观察者。

相反，如果你善于使用"超级学习法"，学员就能更好地体验你的演讲内容，并更具互动性。这将使大脑中的各种神经相互连接。你如果曾经听过我的演讲，那么可能已经注意到我经常与听众互动。

我推荐你看一下我第一次在"思想加油站"的演讲，题目是"谁是生活中的超级明星？"。

在这个演讲中你可以看到，从第一句话起，我通过故意提出开放性问题并用举手的方式与听众展开互动。

当我举起手时，听众也会自动举起他们的手。这几乎就像变魔术一样。对于我们这些业内人士来说，这只是利用镜像神经元的作用进行超级学习。

镜像神经元在大脑中的作用是为我们寻找熟悉的事物，它能赋予我们安全感。这就是为什么你喜欢与你相似的人接触，即所谓"同类相吸"的道理。

但是，听众的神经元之所以能被激活不仅仅是因为你举了手，还因为你赋予一些词语和句子更多的思考空间。这也是超级学习法。

如果你此时联想到了上文提到的弥补一个残缺的圆的技巧，那么就说明你已经掌握了这个方法。此时我会再次运用这个技巧，并辅助以举手的动作，以便增加听众的运动刺激。顺便说一句，这样做能使听众的左右大脑半球互相连接，听众会因此而动起来，并感到放松，增加能量的流动。

由于德语"情感"（emotion）这个词也包含了英语中的"motion"，即"运动"，所以我在上述过程中起到了一箭双雕的效果。

我敢肯定，你只要稍加练习，就会在今后的演讲中自然而然地把特定的动作和你演讲的内容结合起来，以起到激励和动员听众的效果。

超级学习法还包括不断重复关键词，以使听众能够理解新的概念并继续学习。我举一个例子，如何向听众解释镜像神经元的重要性。

我首先向听众解释大脑中的神经元的作用，接下来我要着重探讨这个术语，我经常直截了当地问听众："当别人打哈欠时，你也想打哈欠。你们知道引发这种现象的物质叫什么吗？镜像……"

（学员们齐声回答："……镜像神经元。"）"没错，镜像神经元。谢谢。"

那么听众的感受如何呢？他们在现场重复单词或补充句子，并以这种方式与你互动，他们不觉得奇怪吗？当然，是很奇怪！

在这方面也有一些好的建议，可以帮助你与听众更好地完成这种高效的超级学习互动。

建议1：向你的听众解释一下超级学习法是怎么回事。让他们了解如果自己与你积极交流，就能更好地吸收你演讲的内容，从而可以学到更多的东西。

建议2：当听众与你互动时，要向他们表示感谢。例如，当他们举手示意想参与互动时，你可以说一声说"谢谢"。

短暂和快速的认可能够激励听众继续参与互动。听众每次回答完一个问题后，你不一定总是说"谢谢"，也可以运用一些其他的激励性词语，如"很好""厉害""哇，真了不起"。

建议3：超级学习法是一种快乐的学习法。因此在向听众解释这个学习方法时，你可以运用一些幽默的语言。如果你的表达方式轻松幽默，听众也能更好地记住你说的内容。

成人和儿童谁学得更快？答案当然是"儿童"，因为他们在使用这些方法时完全凭直觉。这个问题和答案很好地向听众解释了超级学习法的基本原则。

但是，超级学习法的内容还有很多。在下文中，我将分三步向你展示演讲者面临的"残酷的现实"是什么，有什么样的解决方案，以及我个人对此的见解。

- -

潜意识学习

残酷的现实：

大多数培训师在讲课时并不关注学习过程，也不关心学员的学习方法和学习效果。

演讲过程中有一些重要方法，如突出重点、把握节奏、以小显大、听众的互动以及释放一些潜在的信息。然而许多演讲者都忽略了这些方法。

解决办法：

霍华德·加德纳①（Howard Gardner）的多元智能理论表明，

---

① 霍华德·加德纳，世界著名教育心理学家，被誉为多元智能理论之父。——编者注

学习方式是多种多样的。他是暗示教学法的开山鼻祖。在暗示教学过程中，演讲者的信息必须适合大脑的理解，听众自己要对学习过程承担责任，同时演讲者要给他们提供多角度的学习体验。

因此，培训过程中的所有因素都很重要。听众听课是一种有意识的行为。然而他们也能在潜意识中感知到培训师的情绪、语气、现场的噪声和房间的温度。不存在单一的刺激因素。我们在培训中始终要考虑到所有外部因素。听众的大脑会处理所有信息，特别是符号、联想和仪式感。

学习效果只有好坏之别，并无第三种结果。因此，培训师应始终创造一种舒适的氛围，让学员可以尽情地享受到学习的乐趣。

我的建议：

演讲过程中的重要因素包括每堂课开始和结束的方法、做活动时的音乐、音乐的音量、墙上的标志以及信息的呈现方式。它们都有自己的作用，因此必须精心设计。

- -

主动学习

残酷的现实：

大多数时候，培训和演讲都是一个被动的过程，学员并不积极参与其中。培训师站在台上或坐在桌子后面演讲30分钟或更长时间。

同时，大量的PPT演示内容和培训师的演讲互相干扰。许多培训师有一个指导思想，即PPT的内容越多越好。可是学员们能记住什么？很遗憾，他们能记住的信息非常有限。

解决办法：

根据我的经验，一个成年人的注意力会在 20分钟后大幅度减退。然而肢体动作有助于重新激活听众的注意力。因此一定要调动学员们的所有感官进行学习，这比被动学习的效果好得多。

学习者一旦把学习内容和特定的肢体动作结合在一起，就会更好地掌握所学知识。

我的建议：

我在培训课上一直使用主动学习法，学员们几乎不可能出现被动的情况，因为他们在课堂上一直处于运动状态。他们一会儿站起来，一会儿坐下，还要与同学一起合作，有时以小组为单位，有时单独一个人。这样的运动状态一刻不停。当然，这种学习方法很紧张，但非常高效。

- -

视觉型学习、听觉型学习、参与型学习

残酷的现实：

大多数培训师在授课时只调动了学员的一种学习能力。

视觉型：培训师在大屏幕上大量展示PPT文稿，希望学员同时记住所有展示的内容。

听觉型：培训师照本宣科，希望学员能够记住所有内容，并对其进行加工整理。

参与型：培训师分发讲义，希望学员能理解和运用里面所有的内容。有时他们让学员做小组练习，但不让他们对此发表反馈性的意见。

解决办法：

记住，学习过程包含不同层面。

- ■视觉型：看、读、画、写以及其他视觉化过程。
- ■听觉型：听、说、唱、理解音乐。
- ■参与型：身体的体验和触碰，情感的感知与回忆。

当三种感官被同时调动起来时，学习效果最好。虽然大部分人都有自己偏爱的学习方式，但是参与型学习方法的确能够让人更牢固地掌握学习内容。

我的建议：

我们在培训时要同时调动学员的视觉、听觉和触觉三种感官。学员们通过做活动和模仿学习内容来掌握所学知识，并与其他人分享。

学员很快就会学习到在课堂上要不断提问，并大声回答。培训师应该用彩笔把一些关键词写在白板上，并且尽量写得大一些。这样能够更好地提高视觉型学习者的注意力。

- -

体验先于内容

残酷的现实：

通常情况下，培训师只关注授课内容，忽略学员的接受过程。他们的教学只有"从老师到学生"这一个维度。这样的培训师只有在学员掌握了学习内容后，才安排小组游戏和活动。

解决办法：

听众只有亲身体验了学习内容才能更好掌握这些知识。如果先讲内容，然后才进行活动（或者甚至不进行活动），那么学员很难记住这些内容。

当人们在知识转移过程中受到身体和情感的刺激时，神经之间的联系就会增强，所学到的知识便会储得更久。在潜意识中，连续提问能够激励人们不断地回答。这就使学员产生了吸收更多知识的欲望。

我的建议：

培训时，我们始终要让情感学习、提问和做游戏这三个环节达到一种平衡状态。此时传授知识，会令学员有一种醍醐灌顶的效果。

- -

音乐

残酷的现实：

很少有人在培训课上使用音乐。学员们听到的只是培训师和其他学员的声音。除此之外一片安静。

解决方案：

音乐可以提高人的专注力，并能影响心率和体内血液流动。快节奏的音乐可以使人兴奋，这样就能把更多的血液输送到大脑中。

针对不同目的都有专门的乐曲。这些乐曲可以使人集中精力、积蓄能量、放松身心或改变注意力。例如，每分钟40拍至80拍的乐曲可以使人放松心情，专注于学习。

我的建议：

在整个培训期间都使用音乐。我们在课堂上一致这样做，音乐能激发学员的动力，让他们放松身心，或者进入某种情感状态。

- -

开始时伴着音乐鼓掌

残酷的现实：

大多数培训都是静悄悄地开始。培训师试图用他的声音来吸引学员的注意力。然后他开始讲话，介绍自己的任务和日程安排。这样做只能使学员一整天都处于一种被动状态。

解决办法：

瞬时振动理论是一个物理学原理。它描述了身体同步振动的趋势。例如，大雁在飞行时模仿头雁的动作，其飞行效率可提高70%。

有节奏的瞬时振动（如拍手或敲鼓）就是利用了与他人同步的这个自然过程。

我的建议：

每节课开始时都播放节奏强劲的音乐。大家都站起来一起鼓掌。这样，学员们就把开始学习和开心快乐联系在了一起，所有人进入一种和谐状态，这样学习效率才能更高。

在一天的培训中，我们总是使用同一首歌曲。一听到这首歌，大家马上会体会到积极的正能量。所有学员在身体状态上都进入了最佳学习模式。

- -

强化参与感

残酷的现实：

培训课经常是枯燥乏味的。学习过程只有从老师到学生这种单一的方向。许多培训课看上去更像是培训师的独角戏或者一次学校里的课堂教学。

解决办法：

任何能触动人类情感的东西都更容易被人学习掌握。大脑中的情绪节点（即杏仁体）能够判断哪些信息是重要的，应当被存储下来。这一判断的基础是体验的情感意义。

我的建议：

我们从一开始就要使培训课程充满人情味。无论学习内容难易，我们一定要把这些内容与学员的经历和生活联系在一起。

- -

活动写字板和PPT演示

残酷的现实：

目前大多数演示文稿都是用PowerPoint设计的，白色背景上配着黑色文字。PPT上的信息从学员眼前一闪而过。

解决办法：

与黑白两色相比，人们更容易记住那些颜色绚丽的内容。另外，向学员演示学习内容时，视觉型学习方法的效果会更好。

我的建议：

在教学过程中，我喜欢把关键信息用彩笔写在活动写字板上，并把写好的页面挂在墙上，以便学员可以随时观看。

在读前面几段时，你可能已经发现，我如何利用神经科学理论来为学员提供最佳学习效果。超级学习法可以让学员切身体验到所学的知识和信息。与传统的学习方法相比，超级学习法带来的知识从一开始就是鲜活生动的，因此也更容易被人牢牢地记住。

演讲主线

当然，演讲的最高境界在于自由表达。演讲专业人士会时刻准备好一些方法，一旦听众有任何反应，就可以随时使用这些方法。这样，演讲者可以相对灵活地做出调整。始终把握演讲主线有许多技巧。如果你跑题了，千万不要向听众请求原谅，因为没有人对下面这些借口感兴趣。

- "我今天是第一次谈这个题目。"
- "我今天感冒了。"
- "糟糕，投影仪坏了。"
- "我的笔记本电脑有点问题。"

千万不要给自己找任何借口！

因为客户为你的工作支付了费用，因此他们理所当然地要求你具备绝对的专业性。在某些行业中，没人会关心从业者的身体状况。演讲者就是其中之一。我自己曾在发热到39摄氏度的情况下做过主题演讲，我的一位导师在腿部骨折后打了石膏，带着伤痛在台上演讲了一个半小时。

注意，演出就要开始了，气氛越发紧张起来。为了控制自己的紧张感，你可以使用一些既简单又有效的方法。

在我职业生涯的初期，我经常把演讲内容提前写在纸片上，然后把它们贴在我面前的舞台边缘的地板上。听众是看不到这些内容的，所以他们对于你的口才和专业性会吃惊不已。

这种情况下，使用铅笔的效果最好。你只需在挂图纸的左上方或右上方写上你想表达的所有内容。这样做的好处，是你可以在近距离看到这些字，而坐在听众席上的听众则无法看到。他们对你能以通俗易懂的方式介绍艰深的内容会留下更深刻的印象。

在你的演讲生涯刚开始的时候，你也可以使用扑克牌大小的卡片。安全起见，你可以将这些卡片拿在掌心。

我一再强调，排练和准备至关重要。但是，你也不应始终保持这样的想法，即"从第一次演讲开始，我就必须完美无缺。"你可以回忆一下，我花了多长时间来准备科隆朗盛体育馆的那场重要演讲。我们行业中许多优秀的演讲者都是按照本章给你介绍的这些方法在工作。你自己可以尝试一下这些方法，体会一下哪些方法最适合自己，并令自己更自信。但是有一条是不变的：永远不要停止奋发上进！

情景模拟教学法：帮助学员反馈学习成果

学员们做完了所有练习，获取了相关知识，并觉得已经取得了进步。此时有一项内容必不可少：让他们反馈自己的学习效果。这就相当于让他们的个人学习形成一个闭环。你首先应当置身于学员的角度。例如，你现在正参加我的研讨会，认为自己已经取得了突破。此刻你的感觉如何？大多数人会感到喜悦和压力。这正如你进入一个正在装修的房间，因为内部灰尘太多，你无法看清任何东西。但你身后的门已经关闭，你不可能再出去了。

这也是对人类控制欲的一次进攻。我们想牢牢把握自己的生活。但在经历了这样的发展阶段之后，这种状态就不那么容易恢复了。

因此，作为一名演讲者或培训师，你面临两种选择：其一，让学员始终处于这种亢奋状态，他们已经无法专心听你讲话，最后在培训结束时糊里糊涂地回家；其二，我问几个简单的问题，让他们自己来回答，这将使他们对今天所学的知识再次有个清晰的认识。后者有一个很好的模式：

- 发生了什么事？
- 还要发生什么事？
- 你现在感觉如何？
- 你现在能做什么？

实践中我是这样做的。一个学员愿意分享自己的感受，我问他："发生了什么事？"大多数情况下，学员一开始只描述明显已经发生过的事情。然而，这通常只是冰山一角。所以我接着问了一个简单的问题："还发生了什么？"就像变魔术一样，学员突然想到了更多事情。

闭环前的最后一个问题是"你现在能用这些知识干什么？"现在学员开始解释，如何把所学的知识运用到实践当中。

这里举一个例子，能够反映学员在做完练习后如何进行效果反馈。

我："刚才发生了什么？"

学员："一个同学讲述了令她感动至深的梦想，我感觉，她卸下了自己的面具。"

我："还发生了什么？"

学员："刚开始我对她还怀有偏见，但是几分钟之后我发现，我们有很多共同点。"

我："你现在感觉如何？"

学员："我很感动，感谢她让我看到了她的另一面。"

我："这种体验对你今后的生活有何帮助？"

学员："今后我不会立刻给人下判断，应该对任何人都更加包容。"

利用这种提问技巧，你可以确保学员把这些经验运用到日常生活中去。如果没有来自外部的动力，学员一般不会进行如此深入的反思，也不会将纯粹的经验应用到日常生活中。但正因为如此，他们才来参加你的培训。你一定要给予他们支持，不要低估效果反馈对班上其他学员的影响。即使是那些不喜欢在众人面前公开谈论自己经历的人，也会马上将其与自己的感受进行比较，并问自己从中学到了什么。

| 第十章 |

工作内容与收入状况

让我们现在聊聊钱的问题吧。这是一个让很多人唯恐避之不及的话题。通常情况下，德国人不愿谈论收入问题。尽管你择业的决定性考量也许并不是金钱，但是了解一下职业演讲者和培训师的收入和工作内容也很有好处。我们先从最重要的内容谈起。

靠说话赚钱

再强调一遍：金钱不应成为我们在这一行业立足的动力。我认为你之所以选择这个行业，肯定是因为你对于演讲充满激情，找到了自己的兴趣点，并且想尽可能地帮助更多的人。首先，我想告诉你的是你已经进入了一个每年营业额达几十亿欧元的行业，而且如果你做得好，根本不必担心收入问题。在这一节中，我将告诉你市场为你提供了哪些机会。

首先你必须具备有说服力的专业能力。这意味着你在某个培训领域已经小有名气。例如，你想从事销售方面的培训，那么你自己应当建立过一支庞大的销售队伍。

如果你想从事人力资源开发培训，你也应该在这方面有很多经验。

我透露给你一个秘密：你人生中第一个百万欧元销售额已经触手可及。你可以用下面这个模板检查一下。

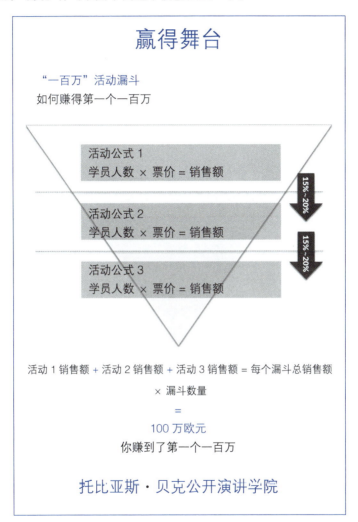

你赚到第一个100万欧元，需要多少个漏斗？

演讲和培训行业中不同类型工作的工作名称和工作机会不尽相同。下文做一个简要概述，包括一些有趣的数字。

教练

教练的工作是帮助学生寻找解决问题的方案。虽然教练也提供帮助和建议，但他首先是一个善于倾听的人，并提出有针对性的问题。目前，聘请教练做针对性的辅导已司空见惯，这个市场增长潜力巨大。尤其是在个人职业生涯发生变化、劳动力市场动荡不安的时候，私人教练可以提供很大的帮助。许多人认为聘请私人教练是让自己脱胎换骨的关键因素，而很多私人教练工作得也非常愉快。因为我们都知道当我们帮助别人时，我们也会获得满足感。私人教练收入差异主要取决于下列因素：

- 所从事行业；

- 个人经验；

- 行业认知度；

- 营销能力；

- 口碑。

私人教练的平均课时费为每小时180欧元。但是我也知道，有一些教练的课时费达每小时上千欧元。

培训师

目前市场上的培训师多如牛毛。因此对于一名优秀的培训师而言，应当放弃万金油式的培训方法，必须从一开始就要在市场上给自己做一个精准定位。有些培训师什么内容都敢讲，从时间管理到非暴力交流，无一不通。我对此深表怀疑。

我的建议是你应当迅速成为一个特定领域的专家，并确定自己的收费标准。记住：一个心脏病专家的收入远远高于全科大夫！

影响培训师收入的因素基本与私人教练相同。然而，培训师要想取得成功还有一个关键：必须与客户方的决策者建立密切的联系。

培训师的日培训费用平均在1000欧元至5000欧元之间。

还有一个建议：企业在组织培训时，一般会向培训师数据库里的培训师发出意向邀请。此时你的动作一定要快。如果你想迅速进入这个行业，那么你的日培训费用报价就不要超过2999欧元，因为在这个数额以内，企业的相关部门就可以自己决定，而无须总经理拍板。

主持人

为了积累舞台经验并建立起和企业决策者的人脉，许多优秀的演讲者一开始都是担任演讲现场的主持人。我也是同样的情况。我曾经主持过数百场大大小小的活动，并在这个过程中认识了许多演讲者。当时我终日奔忙，认真准备活动议程，在活动现场介绍那些只在台上待35分钟的演讲者，而我每日的报酬只有他们的十分之一。有一天我突然问自己，我为什么要这样？许多来自电视、广播和电影等传统媒体的明星都改行成为专业演讲者，因为他们意识到这是一个利润丰厚的行业。但是由于他们中的许多人缺乏独自面对听众的经验，因此他们的工作绝非永远一帆风顺。

演讲者的出场费也有天壤之别。一名普通的演讲者主持一次建材市场开业典礼每天收入约500欧元，而那些著名的电视主持人的出场费可以达到10 000欧元。

主题演讲者

主题演讲者比一般培训师更加出名。他已经把自己打造成了一个品牌，他受邀演讲的目的不仅是要向人们提供信息，还要激励听众，特别是在一场活动开始时。目前活动组织者更倾向于在互联网上寻找演讲者，因此，你一定要在网上展示一些简短而高质量的视频，来向客户展示你的演讲能力。

据我的经验，一旦你的视频点击率达到上万次，你的好名声就会被广泛传播。那时你不必为是否能收到演讲邀请而担心。说实话，我自己从来没有主动向任何一家公司申请过做主题演讲。在导师的培养下，我已经成长为行业翘楚，演讲邀约纷至沓来。

在德国，按照主题演讲者知名度的不同，一场35分钟至90分钟的演讲出场费为4000欧元至13 000欧元。

研讨课

你可以从针对初学者的研讨课开始，只要能成功一次，你今后就不必为它做广告。在最理想的情况下，班上的学员会立刻把你的课推荐给他们的朋友，而他们的朋友随后会将你的课再推荐给自己的朋友，以此类推。你甚至不一定非要通过这个研讨课来赚钱，因为在培训过程中你可以向那些想和你一起成长的学员做一些宣传。但一定要尊重市场规律，不要把你的初级班课堂变成一个不停卖课的自由市场。学员非常讨厌这样的行为，市场也会很快把你抛弃。一个简单的市场规则，是你可以抽出研讨课课时1%~5%的时间用于推销课程。例如，我的"个性训练大师课"时长9小时，但销售课程的时间仅为15分钟至20分钟。你可以在我的"赢得舞台"公开培训课上学习到这方面的内容，因为其内容已经远远超出本书的范围。我花了两年时间才找到了在德语地区行之有效的方法。

每笔课堂销售额的公式：销售额（按欧元计算）=25%的学员数量 × 下次研讨课学费。

具体示例如下：

低学费课

■ 100名学生

25人花1000欧元购买了你下一次课 = 25 000欧元

■ 1000名学生

250人花1000欧元购买了你下一次课 = 250 000欧元

■ 10 000名学生

2500人花1000欧元购买了你下一次课 = 2 500 000欧元

高学费课

■ 60名学生

15人花10 000欧元购买了你下一次课 = 150 000欧元

■ 30名学生

7人花40 000欧元购买了你的精品课 = 280 000欧元

易货协议

无论你未来要成为一名培训师、私人教练还是演讲者，你在职业生涯之初最需要的是付费客户和别人的推荐，这样对方才能相信你的表现。

之所以我能够被数百家企业推荐（包括许多大型上市公司），是因为我有一个秘诀：立足本地，放眼全球。

为了避免产生高昂的费用，你可以从身边的企业开始做起。最初的活动当然不能收费。例如，你可以和你购车的4S店老板谈谈，或者和经常光顾的餐厅的老板交流一下。过程如下：

你："您有没有遇到过这样的问题：成本不断上涨，而客户却要求更多服务，而且不愿为此多花钱？"（对方点了点头）"我可以给您的团队上一堂45分钟的课，让他们掌握一些吸引客户的秘诀，之后您的销售额肯定会不断攀升，员工也有更多的工作积极性。您觉得这个建议怎么样？"

老板："听起来不错，但是我们支付不起这样的培训费，我们没有这方面的预算。"

你："我的第一次培训完全免费。我了解您的预算问题，培训完我们可以签一个易货协议。"

老板："签个什么？"

你："就是交换服务协议。如果您对我的培训百分之百满意，而且培训达到了相应的效果，并且希望继续合作，那么作为回报，你可以送我一套冬季防滑轮胎或者免餐费若干次。"

这样的成功率非常高。我认识一些人，他们在全球最好的酒店连住几周，或者在自己家里免费安装壁炉或桑拿房，或者吃完饭不必付钱。

一定要注意：如果涉及金钱利益交换必须纳税。双方必须开具正规发票，这一点非常重要。为了避免在税务问题上吃亏，你可以咨询一下税务顾问，易货协议需要履行哪些纳税义务。

下面这些问题有助于你找到自己的初始客户：

- 你的亲朋好友中有没有人创业？

- 你周边有没有人在企业人事部门工作？

- 你在什么地方签订的保险？

- 你在哪里买的车？

- 你在哪些企业可以得到服务？

在我们这个行业，你必须成为一个吸引人的"磁铁"。"你认识谁"很重要，但是"谁认识你"更重要。如果你的表现极为出色，全公司都在谈论你的培训或演讲，那么你就不必费心去寻找客户了。

到那时你将不断地被介绍和推荐给其他客户。想想看，能参加一个人事部经理聚会的会是什么人？没错，是其他企业的人事部经理。能参加一个企业董事长聚会的人都是什么人？没错，是其他企业的董事长。他们聚在一起会聊什么？会聊到你！这是一个多么美好的画面啊！

一旦在业界有了名气,那么你就可以在接下来的几年慢慢提高出场费。但是绝对不要向那些最初给你演讲机会的企业索要高价。你应当怀着一颗感恩的心和谦逊的态度对待他们。原因何在?因为这些企业在你职业生涯之初给予了你充分的信赖。永远不要忘记:收入来自服务。

第十一章

你的专属模式

你一定注意到了，成功没有魔法，所有优秀的培训师和演讲者之所以能取得成就，都是因为他们拥有正确的方法和丰富的经验，并不断占领日益扩大的市场。你如何也能获得同样的成就呢？方法是必须建立你自己的专属模式，并不断完善。千万不要照搬别人的模式，也不要购买那些昂贵的学习课程。你应当抽出时间来开发出属于你自己的模式。

让我们再回忆一下我开发的那四种非常成功的动物人格模型吧：海豚型人格、猫头鹰型人格、鲨鱼型人格和鲸型人格。这是我自己发明的吗？既是又不是，因为我们始终是站在巨人的肩上，从他们的成就中汲取灵感。我的理论来自古希腊医学家希波克拉底的"四体液学说"，由于他早已驾鹤西归，因此我无法请求他允许我以另一种形式重塑他的理论。

记住动物总是要比记住体液或者颜色容易。因此我只是简单地用动物替换了人格的象征物。猫头鹰善于观察，海豚乐于嬉戏，鲸助人为乐，鲨鱼喜欢攻击。后来我把这四种人格类型模式以及"远离垃圾人"这个题目进行了版权注册，现在回头看，这是我职业生涯中的一步妙棋。你也应该这样做！另外，我的几个电脑达人好友为我的网站开发了几套测试题，每月使用者达数千人。他们真的非常喜欢这些测试！他们急于知道自己属于哪种动物人格，以及它们对于自己的生命有何意义。

动物人格模型评估

在花大价钱注册之前，我注意到了下面这些情况：

■ 课程结束后，学员的朋友们开始使用网站上的测试题；

■ 很多德国人的书桌上突然出现了动物形象（猫头鹰，海豚，鲨鱼，鲸）；

■ 许多企业的人事部门按照特定的动物人格类型招聘求职者，并改变了企业内部文件的一些表达；

■ 许多企业在其会议上开始讨论不同的人格类型；

■ 一些培训师问我是否可以使用这些测试；

■ 一些机构建议我申请注册这些动物人格类型模式的版权；

■ 一些大企业用动物人格模式替换了现有模式（如颜色模式）。

你是否拥有一个好的模式或主题？

哪些主题可以通过一个简单的模式得以体现？

你可以把哪些主题简化为简单的形象？

现在该轮到你了：也许你可以把你的专属模式放入下面这个框架中：

第十二章

同行者

我始终认为，我们在人生旅途中应与他人同行，帮助他们打开人生之路，并用火把照亮他们前进的道路，否则所有的成功对我而言就毫无价值。如果你不能帮助他人，总是一个人穿行于城市之间，最好的模式对你又有什么用呢？你应当把你的方法传授给他人，并收取一些费用，这样的做法才更有意义。

许多年前，当我决定出去征服演讲和培训市场时，我多考虑了一步，希望让我周围的人也能参与进来。我记得当时在我位于凯斯特巴赫（Kelsterbach）的家中开过一次会。我们在那里与几位培训师制订了初步计划。当时有好几个培训师在场，但最后只有两个人愿意付出代价，与我长期合作。

这并非易事。我对一个培训师的人格有极高的要求，因为他将来要以我的名义开车去拜访客户。最重要的是，在选择合作伙伴时，我要求他们必须心胸开阔，不自以为是。人们总是喜欢那些值得信赖的人，他们必须善解人意，敞开心扉，能随时感受到他人的需要。

换言之，我寻找的合作伙伴愿意"无条件地"为他人服务，并帮助他们成长。这也许是所有优秀的培训师和演讲者的秘密武器。如果一切顺利，你也会迎来这个时刻，那时你工作的目的不是赚钱，而是为他人提供服务。

合作的另一个先决条件是能说一口流利的英语，并达到能够进行培训的水平。原因何在？因为大多数德国公司在世界各地都有办事处。为了长期合作，你要经常去其他国家出差。

在我15年的培训师生涯中，我去过30多个国家，从印度到中国再到俄罗斯，我有机会体验了世界上几乎所有的文化。我总是接受所有的邀请，即使有些培训地点令我十分担心。有一次在菲律宾，我每天都被一个全副武装的司机送到公司，从早到晚都有保镖相伴。然而现在回想起来，正是这些经历帮助我能够在全球开展业务。

我从一开始就非常重视与合作伙伴进行平等合作，他们和我一样愿意为自己的发展进行投资。这不仅花费巨大，而且困难重重。正如我所说，只有两个十分特别的人愿意满足我的这些期望，他们就是我的朋友和团队总培训师伊冯娜·舍诺（Yvonne Schönau）和克里斯蒂安·加特纳（Christian Gaertner）。

下面你将读到他们二位的故事。顺便说一下，当时我除了为大公司举办过几次研讨课之外一无所有。因此，我只能告诉他们我的愿景，那就是有朝一日要成为德语地区最大的培训团队。这就意味着我的合作伙伴必须投资一个并不确定的未来，并忍受发展阶段所有的痛苦。

你可能在电视上看到过一个有趣的实验，这就是斯坦福大学开发的棉花糖实验。该实验用来测试儿童是否愿意等待。那些愿意等待的儿童会获得更大的奖励。实验中，孩子们被带进一个房间，有人给他们一颗棉花糖，并告诉他们："如果我回来之前你不吃掉它，你就能得到第二颗棉花糖，然后你可以把两个都吃掉。"

你也许已经猜到了，大部分孩子，甚至大部分成年人，都不愿意等待，他们满足于只得到一颗棉花糖。这也是大部分人无法成为优秀演讲者的原因。

你必须愿意为成功付出代价。

作者与伊冯娜和克里斯蒂安

伊冯娜和克里斯蒂安不急不躁，耐心等待，他们开发了属于自己的模式和课程，也付出了许多代价。听听他们如何讲述自己的故事吧。

伊冯娜·舍诺

当我还是个孩子的时候，就时常问自己，一个人如何找到属于自己的人生之路？谁说世间一切事物就理应如此？为什么不能是其他的样子？人与人之间为什么充满了误解？我们为什么不能简单相处，相亲相爱，创造一个幸福的世界？

对于许多问题我都没有找到答案，而大多数成年人也没有给我答案。"他们自己难道没有问过这样的问题吗？难道只有我一个人的脑子里有这样的问题？"我百思不得其解。

我在伍珀塔尔附近的乌弗拉特（Wülfrath）长大。我当时一直期盼着赶快长大成人，想象着一旦成为大人，就没人命令我应该做什么或不应该做什么，我的生活也有了千万种可能。上学时我始终有一个念头：我不喜欢这里，一定要离开。

现在我明白，这只是一个念头而已。但它也造就了我不被任何事束缚的性格。

我曾经梦想成为一名演员。我小时候就有做演员的天赋：随机应变，乐于表演。中学毕业后我参加了广告销售和初级文案的培训。这都是一些传统的培训课程。但是令我没有想到的是，在这段时间我总是受到别人的排挤。

不知你是否有过这样的感受：当你进入课堂时，所有人都安静了下来，你心里很明白，他们刚刚在谈论你。我再一次感觉到此处并非久留之地，内心深处有一种强烈的愿望去找到另一条生活之路，并使我的生活更有意义。因此我决定去杜伊斯堡–埃森大学学习传播学和哲学。我希望了解人类沟通成败的原因是什么。在2003年上基础课的时候我认识了托比。

我上课总是迟到，由于没有座位，我每次都坐在大教室最后面的台阶上。我的确是一个典型海豚人格的人。但是还有一个学生比我来得还晚，他就是托比。他总是西装笔挺，领子上别着一枚徽章，戴着厚厚的眼镜，发型时尚。他坐在我旁边，我们的家乡话和幽默感让我俩一见如故。我俩还总是喜欢问："这帮人在教室里干吗呢？一个个死气沉沉的。"

我那时常想："托比这家伙好怪，总是穿着西装来学校上课。"当时他广博的思维令我印象深刻。有一次他邀请我参加一家企业在科隆举办的活动（当时他已进入这家企业的领导层），我毫不犹豫地接受了邀请。这对我而言是一次近距离了解他们商业模式的绝佳机会。我的事业从此开始。

我们在学习之余还在这家企业共事了两年，之后克里斯蒂安也加入了我们的团队。托比负责培训，我给他做主持。我喜欢团队工作带来的激情。我们大家为一个目标共同努力，兢兢业业，激励他人。现在回想起来，我和托比的偶遇促成了我们人生道路的交集，这是多么奇妙的一件事啊！

在这家销售企业的工作经历对我来说非常宝贵，因为这份工作使我比以前更了解自己。以前我心里只想着自己，希望从生活中得到更多，喜欢依靠别人的努力和帮助获得成功。但这无形中给我自己设置了障碍。我当时确实有一个目标，那就是积累被动收入（即不必用时间换取金钱），同时也给父母一些回报，这样我毕业后就不必为工作所累。但这个目标只在短时间内激励了我。因为我通过销售工作始终无法回答一个问题，即我来到这个世界的目的究竟是什么？另外我还有一个愿望：一定要做一些与众不同的事。

此外，销售这份工作收入甚微。我一边上学，一边创业（因为它听起来很酷），还在科隆的一家人事咨询公司打工，另外在埃森的托马斯·萨博（Thomas Sabo）服装店担任店长。我为什么要做这么多工作？因为我当时投资失败，加之学费高昂，所以我不得不依靠贷款来生活，同时还得想尽一切办法来偿还债务。

当我现在写下这段文字的时候，我意识到当时的想法有点"贪得无厌"，总是希望得到更多回报。我的自我价值总是与银行存款联系在一起，而不幸的是，后者总是处于负债状态。我当时负债累累，但总是渴望功成名就，腰缠万贯。此时，托比建议我们几个朋友一起去美国新泽西聆听托尼·罗宾斯（Tony Robins）的演讲。他说服我的理由很简单："每个想成功的人必须先解决自己的问题。首先是内在成长，然后是外在成长。"

我和他们一起飞往美国。人格发展研讨课的内容包罗万象：

例如，在燃烧的煤炭上行走，摆脱思维限制和进行宏观思考。我当时23岁，第一次感觉到人生的自信，即我远比自己想象的要强大，一切都会好起来的。

但是这种安全感并没有持续很久。因为回到老家后又是老一套的环境和氛围，加之我当时负债累累，日子更加艰难。理论上我知道自己有很大的潜力，但怎样才能把这种潜力付诸实践呢？

你可能也有过类似的经历：尝试了很多工作，但收效甚微，你认为一切都没有意义。可是后来回顾往事，你又发现并非一无所获。十年转瞬即逝，我做过许多工作，在理财方面做过错误的决定，还曾经创业，并放弃了我的学业。2014年，我得到了一个去中国上海生活三年的机会。这是我做过的最好的决定之一。最初我有一丝恐惧感：陌生的文化，陌生的语言，我该如何赚钱呢？

2015年春天，我枯坐在中国的这座魔幻大都市，周遭充满了商业的气息。此时我又一次觉得自己失去了归属感。这里的一切都是超大规模，一切皆有可能。我在地球的另一端，但总感觉缺点什么。

我给托比打了个电话。此前我们一直都保持着联系，去上海之前，他邀请我加入他的培训师团队。我在电话中告诉托比："托比，我有点怀念咱们当时那种'团结一致，共创伟业'的激情。咱们还能在一起合作吗？"托比告诉我，我应该接受他做过的培训。"八月份来新加坡吧，参加一个研讨课，然后再看。我没法答应你什么，但是你先来吧。"老天啊，我还有外债呢，我该怎么还钱呢?

我找到了一个方法，最终在三个月后来到了新加坡。我在这里经历了改变我人生的五天，也奠定了我成为演讲师的基础。另外我还希望能看到一位女性也能站在演讲台上，这样我就有了认同感，因为我想知道，女性如何在实现自我价值、完成历史使命和拥有完美家庭之间找到平衡。遗憾的是，班上的老师和学员都没有女性，因此我无法获得答案。但是我还看到了托比开发的动物人格模型，立刻觉得自己愚蠢无比，因为我并没有自己的专属模式。也许是因为当时还不够了解自己吧。

但是那里发生了一件对我来说十分重要的事:我认识到自己并不善于利用大脑来发挥自己的优势。当面临挑战时，我会陷入一种疯狂状态，对自己期望过高。然而我在这个过程中却没有任何收获，事后我又突然变得清醒，告诉自己我做的还不够好。

这样的认识接踵而来。2015年12月，我又上了一个研讨课。课上我结识了我的导师拉里·吉尔曼(Larry Gilman)。尽管此时我还在帮助托比完成他的动物人格模型，但自己也开始着重研究"情感"这个主题。

拉里曾经看过我的演讲。当时我们每个人都必须描述一个曾经被感动的时刻。拉里看透了我的内心，他看到了那个坚强面具背后的我："伊冯娜，你不需要再做什么了。你已经够好了。你只要控制住内心的混乱，不要总是希望掌控一切，因为这样太累了。"

天哪，这对我来说无疑是一种解脱。一个沉重的负担从我身上落下。虽然理性告诉我"你的银行账户空空如也"，然而，就在那一刻，我意识到我的价值不仅仅是在一个银行账户上。我自己比我的成就或外表更重要。我有自己的价值，因为我就是我。这种感觉很陌生，但我觉得这就是做人的道理。

圣诞节前的一件事好似一声警钟，提醒我需要立即采取行动去寻找自己的路。公司告诉我，2016年他们不再给我规划预算。我当时非常难过。一切都刚变得那么美好，然而我就要失去生计？

我立刻给托比打电话说："我们必须谈谈，咱们必须做点什么。事不宜迟！咱们一起干一番事业吧。没有第二条路可走。"几天后，我们和克里斯蒂安坐在游泳池边畅谈我们的创业构想。

仅仅三个月后，我们的第一次"个性大师课"就举行了，当时有150人参加。克里斯蒂安主持，我也参与其中，和托比的妻子丽塔一起做了很多练习。6个月后，我成了托比亚斯·贝克学院的总培训师。

你了解那种心安气定的感觉吗？就好像回到自己温暖的家。当我、克里斯蒂安和"公开演讲学院"的学员坐在一起听托比讲话时，我就有这种感觉。我们坐在房间里，把我们所学的知识传授给他人，团队里的伙伴们热情善良。我知道我做出了正确的决定。

那时候我还住在中国上海，每四个星期飞来一次。我与克里斯蒂安一起住在酒店里。我的全部家当就是一个旅行箱。

2017年1月，托比又给了我迈出下一步的动力。或者说，他强迫我为"远离垃圾人"的音频节目做了一次采访。当时我在丽塔和托比的家住了一夜。第二天早上吃早餐时，我心里想，托比肯定已经忘记了采访我的事。没想到他突然说："伊冯娜，一小时后我们将录制采访，最后你要谈一下自我表达这个主题和你的研讨课。"我咽了一口唾沫，感到自己什么都还没准备好。你在人生中有时真的需要有人给你施加一些压力，这样你才成为一颗熠熠闪耀的钻石。我想到了我的导师常说的一句话："不要总是等到准备好才采取行动"。我觉得现在就该采取行动了。

2017年10月，第一届"掌握自我表达"研讨课在德国举行。我是第一位被授权在欧洲宣传拉里·吉尔曼理念的培训师。我们团队［总经理是丽贝卡·伊尔格纳（Rebekka Ilgner）］经授权可以传授拉里·吉尔曼在35年前创造的理论，帮助人们克服他们的情绪保护机制，随时保持清醒的头脑，勇于接受新事物，让自己与众不同。

我的课程让许多人了解到自己的人格类型是"仙人掌人

格"，这种性格给自己的人生道路设置了太多的障碍。另外，我的音频节目"走出你的大脑"现在已经正式上线。

除了"掌握自我表达"研讨课之外，我们还举办了一个名为"情感体验日"的大型活动，以帮助越来越多的人更加了解自己。我的事业在有条不紊地发展。我心里充满了无限感激，感激每一位今天信任我的学员，感激我自己选择了这条路，尤其是要感激托比。最重要的是，所有这一切的中心不再是我，而是那些在我们的帮助下选择了自己人生道路的人。

现在我深深感觉到，我工作的目的是让别人变得强大，让他们能够走出自己头脑的禁锢，听从自己内心的声音。这是多么大的责任啊！

托比是我心目中的超级明星，如果没有他的带领，我可能也不会有那么多压力，也许也不会有现在的自己。

这样做容易吗？一点不容易。值得吗？很值得。

克里斯蒂安·加特纳

2014年圣诞节前不久，我接到一个电话，让我永生难忘。"克里斯蒂安，改变从今天开始！我们有一个任务，我们必须做一些事情。从现在开始，不要再闲聊了，我们真的要做点大事了！"托比听上去好像换了一个人。我俩2003年就认识了。多年来我们一起经历了生活的跌宕起伏，这使我们的友谊更加牢固，也令我们的家庭更加亲密。但是，托比说话时的决心和激情连我都感到惊讶。

我知道他刚刚参加了在泰国举办的演讲培训班。我当时也没有料到两年后自己也会参加这样的培训班，并亲身体验他的转变过程。

"托比，这听起来不错。但你为什么要说'我们'？"我惊讶地问他。那时候，我觉得自己过得不错，但是丧失了前进的动力。我清楚地意识到我的生活应该更加丰富多彩。但是否应该开始人生新的篇章，我却犹豫不决。

此前几年我尝试了很多东西，但总有一种感觉："这不是我要的。我希望实现更高的目标！" 我曾经是一名雄心勃勃的专业网球运动员，也是一名充满激情的DJ（打碟师）。我服务于各种展会，组织过许多大型活动，还给孩子们上过网球课。我之所以选择上大学，是因为我相信这将使自己的人生取得成功。大学毕业后我得到了经济工程师学位。虽然我的生活并没有因为一纸文凭而更加充实，但我在刚上大学的时候就遇到了两个非常特别的人：托比和伊冯娜。五年的大学生涯里，我们共同建立了一家美国电信直销公司在欧洲最大的代理公司，并在此过程中成为亲密的朋友。

但成功并没有从天而降。无数次的挫折迫使我们需要不断成长，超越自我。我们继续学习充电，并掌握了很多关于领导力、团队建设和销售方面的知识，其中一些学习过程十分艰辛。我们学到了很多激励人、感动人和向他们推销东西的技巧，同时还要保持一颗诚挚之心。这些技能对于我们今天从事培训师和演讲者的工作大有裨益。

当时我们非常成功，觉得心满意足。但后来一切都崩溃了。我感到迷茫，努力寻找新的人生之路。尽管我的大学学业很成功，但我的内心笼罩着一层躁动的情绪。我在寻找，但又不知道在寻找什么。只有一件事我了然于胸：我想赋予生命以更大的意义，去激励他人，并满怀热情地去实现这个目标。我20多岁的时候就迫不及待地想要找到这样一个目标。

正在此时我接到了托比的电话："克里斯蒂安，我们总是梦想着做一些大事。现在机会来了，我希望咱们一起行动。"

片语改变人生。当时我还没有意识到我们将激励多少人，能改变多少人的命运。托比在电话中的激情感染了我，我的内心突然发出一个声音："别找了，就是它了！"

但是托比也提到了我们合作的前提条件：和他一样，我也必须参加国际培训师和演讲者培训，并且得达到同样的水平。我心头一紧。我知道托比为此付出了巨大的代价，不仅是大量的金钱，而且还有漫长的旅程以及无尽的勇气和毅力。凭直觉，我认为这是一个正确的决定。但了解这条路与走上这条路是两码事。

在老家参加一些用母语举办的小型研讨课当然没什么难度。但是飞行10小时去另外一个国家只是为了去上课？这听起来有点不可思议！但迄今为止，我获得的证书和文凭让我一无所获。我有更高的目标，愿意为了最好的导师踏遍整个世界。四个月后，我坐上飞往南非约翰内斯堡的航班去参加我人生中的第一次培训课。

2015年年底，我和托比两家人一起去泰国度假，伊冯娜也从中国上海出发和我们汇合。和我一样，她也接到了托比的电话。我们在度假之余还参加了所有的培训课程，并期待着再次相见。当时我们都没有设想过，大家在接下来几天会做什么样的决定。

托比告诉我们，他自己计划举办一个大型培训班，目前已经准备就绪。我们坐在一起讨论了所有细节问题。你们知道我们在哪里开的会吗？那天泰国气温35摄氏度，我们坐在酒店的游泳池旁，人手一杯冷饮讨论着我们的计划。这次会议我永生难忘。我们讨论了培训班的具体流程，以及学员们应该做什么样的练习。我们的目标不仅是激励学员，而且要促使他们发展自己的人格，从而真正改变他们的生活。这就是"个性大师课"的诞生时刻。如今，大部分听众都是通过这门课第一次接触到我们的培训班，这门课每年举办数期，每期学员人数最多达1000人。

我们共同构建了一个庞大的体系，每个人在其中都有自己的角色。伊冯娜和我负责周边工作，以便让托比集中精力做他一直以来最擅长的事情，如感动、激励和娱乐听众。我们每个人都感觉到我们的成长和发展是多么迅速。

在随后的几年里，我在泰国普吉岛、西班牙巴塞罗那、英国伦敦、德国慕尼黑、德国法兰克福、德国柏林和其他许多地方举办了培训班。课程难度很大，我的压力也不小。有几次我的钱都花光了。傍晚时分，我坐在离我妻子和儿子几千公里外的酒店房间里，感到一丝孤独。但这些经历都在帮助我成长。我培养出一种全新的意志力和纪律性。某一天，我突然意识到我可以给别人带来的附加价值。

2017年4月，托比和丽塔邀请我和我的家人去他们家做客。我们坐在桌前吃饭，孩子们在一起玩耍。突然，托比对我说："来吧，克里斯蒂安，我们上楼去录采访音频。是时候了。"

我有点不解地看着他。托比的《远离垃圾人》音频节目刚上线三个月，从第一天起就获得了巨大的成功。"什么采访？"我问。"嗯，就是你在'远离垃圾人'音频节目中的采访！"他回答道。我问他："好吧，但我们谈什么呢？""关于你自己和你新开设的培训课程。"托比理所当然地回答道。"托比，我还没有自己的培训课程呢。"我低声说，但为时已晚。几分钟后，我们录制了一段访谈。

访谈结尾时，托比问了一个我一直等待的问题："请你讲一下你的新课程吧，是关于意志力的，对吗？""呃，是的，没错，是关于意志力的！"我找到了我的第一句话，然后讲了课程的大致内容，尽管我还从来没有上过这门课，甚至不知道这门课该叫什么名字或者具体内容是什么。

这就是 "终极意志力计划" 课程的诞生时刻。这是一门为期两天半的强化班，现在每年举办六次，20名学员每次的学费在数千欧元。在这门课上，我们帮助学员发现自己完整的意志力，化解情绪和能量障碍，并打破身体的束缚。课程结束后，学员们会有一种绝对的自我肯定感，并增加了自信。

这门课程的毕业生将不再受到他人流言蜚语的干扰。这门课的培训师必须充满自信，全力以赴，这样生活才会快乐而充实，才能摆脱体系和自身框架的限制，人际沟通能力将大大增强。你作为一个培训师的讯息将加倍地传达到学员的身上。

我为什么要给你讲这些事情？因为我经过了18年个人发展和漫长的寻找自我的过程后，如今终于认识到自己的使命，找到了人生的意义。

但是我要说明的是，这段旅程以前和现在都绝非坦途。在外界看来，我们行业的那些明星在社交媒体上看起来是那么光鲜亮丽。其实我知道，在这些漂亮的照片背后，是多年甚至几十年的辛勤工作。刚刚走向职场的演讲者和培训师喜欢将自己与行业中的其他人进行比较。当然，成功的途径各不相同。有些人的营销工作更加迅速，有些人更快地找到他的核心价值观，还有些人则更快地找到了成为演讲者的途径。

　　但这些都不重要！重要的是你为什么要登上演讲台？你想改变什么？原因是什么？这些问题有助你找到通向舞台的道路。当你孤身一人坐在酒店的房间时，这些问题的答案可以抚慰你的孤独。

　　在过去的16年中，托比帮助我完成了这个过程。他有独特的能力将人们唤醒，以便让他们继续前行。他在人们了解自己之前就已经看到了他们身上的东西，目光清晰、直接和准确。他对合作伙伴、朋友、家人、员工、教练、学员的感激之情发自肺腑。他是成千上万人的榜样和我们新时代的绝对领袖。能够在他的旅程中陪伴他并向他学习，我感到非常十分感激和无比自豪。

第十三章

市场营销与社交媒体

施特凡·史明（Stefan Schimming）：托比亚斯·贝克学院首席市场官

在当今世界，网络和社交媒体的作用不容小觑。你是否曾经思考过，如何能够在网络空间发挥自己巨大的影响力，并从中获得真正的粉丝和付费客户？

在这一章中，我们将谈论如何在短时间内获得数以万计的粉丝，并产生巨大的影响力。最重要的是，如何建立一个高黏性的忠诚粉丝社区。

首先，我想说明一件事：在互联网世界，重要的不是你与粉丝关系的广度，而是深度。即使你有10万粉丝，但如果他们没有采取实际行动，如购买你的服务或产品，那么这个数字对你而言也没有任何意义。

有一些行内从业者号称拥有庞大的粉丝群和点赞率，其实这些数字都是靠机器人刷屏和其他花招获取的。他们一旦向粉丝群营销自己的课程，马上就会露馅。

要记住，质胜于量。下面我将介绍如何运用社交媒体等平台和粉丝社区做好营销。

第一步，你必须给自己一个正确的市场定位。你必须了解自己的客户群体。现在请你尽量准确地描述一下你的客户群体（下面这些问题可供参考）：

■ 他们相貌如何？收入多少？从事什么职业？他们的目标和梦想是什么？他们的问题和痛苦是什么？

下一步的要点是要采取因材施教的方式向客户群体传授你的理论。思考一下：哪些媒介适合你？哪些不适合？

■ 如果你风度翩翩，魅力四射，喜欢站在摄影机前，那么视频就是你的最佳媒介。如果你有天使般的声线，那么音频节目最适合你。你如果喜欢写作，那么就开始写博客吧！

所有这些问题都是很好的提示，它们能告诉你应该使用哪些平台。但是你不必同时使用所有社交媒体。

开始时，你应该把精力放在一到两个平台上。我们开始时只有一个脸书（现已改名为"元宇宙"）账户，并把它做大，然后才开始使用其他平台。如果你一开始就专注于一个或两个平台，那么就可以集中精力把它们做好。这样的话，渠道的增长速度会比全面撒网的增长速度要快。一旦你确立了自己的影响力，你可以利用这一优势在其他平台上发展。

建立粉丝社区需要两件事：

1. 内容一定要适合你的客户群体；

2. 必须与粉丝互动。

因此你应当找到一个创作内容的平台，如音频节目或油管频道，以及一个用来和粉丝交流并回答他们问题的平台，如照片墙或脸书群。

一个最重要的建议是：提出问题，并倾听粉丝的留言！一定要做到与众不同。

有些人在网上声嘶力竭地宣传，以便吸引目标群体的注意。还有些人则高谈阔论自己有多么优秀，以及他们已经取得了什么成就。然而，你应当做的只是向粉丝提出问题，他们会准确地告诉你他们想要什么，以及你能如何帮助他们。

这是建立一个忠诚粉丝社区的秘密所在。向粉丝征求意见，展现出自己真诚的关怀以及平易近人的态度，定期和粉丝进行交流。这些措施非常重要，因为每个点赞的背后都是一个活生生的人。

你在制定内容的时候一定要考虑到这一点。

你还在自己的网站上转发别人的图片和视频吗？这种吸引粉丝策略是不可持续的。你的网站即使刚开始有比较大的流量，但也不能一直持续下去。

对你来说至关重要的是要创立自己的品牌，树立自己的声望。因此你应该上传一些自己的原创视频和内容。视频内容的互动性和影响力更大。然而，你始终要考虑自己的定位，以及内容是否能反映你擅长的领域。

例如，你在网上发布一些美食照片，没人认为这有多大价值。但如果你是一名健身专家或营养专家，并在帖子中给人们提供一些营养食谱或告诉他们如何正确饮食，这样就能给粉丝提供有价值的信息，同时也明确了自己的定位。

但是，在各地巡回演讲之余，如何能给自己的社交媒体创造内容呢？我们针对托比亚斯采取了非常简单的策略。他除了自己的音频节目和照片墙故事外，很少参与到内容创作中来。

我们全程跟踪拍摄托比亚斯的巡回演讲，然后提取其中的精华内容。也就是说，他在演讲或培训之前都要佩戴麦克风，以便记录他的声音。他在舞台上的演讲、接受采访或在台下的谈话都会被记录下来。

你可以在自己的音频节目中使用录音和录像。如果你让相关服务提供商提供全程录像服务，那么你就有了创作博客的材料和发表在社交媒体上的内容，这些文字你可以用来制作口号文字。相关图片可以从摄影师那里获取。

你可以在油管上发布这些视频的完整内容或者配有字幕的片段。

这样，你可以把一次演讲的内容制作成为期数月的社交媒体内容。你不必再绞尽脑汁地考虑下一次在社交媒体上发布什么信息，以及怎样抽出时间更新网站内容。你在舞台上演讲的时候，这一切就已经完成了。

给你透露一个小秘密：托比亚斯并不是从一开始就喜欢录制播客和视频，或者每天在照片墙上发帖子。我们当时必须说服他做这些工作。现在他对此充满兴趣，并且发现了这些事情背后的巨大价值。

创作照片墙上的故事是为了向粉丝分享你的日常生活，建立起他们与你的联系，并且展示你不完美和脆弱的一面。这就是我们在照片墙上迅速涨粉的原因之一。粉丝没兴趣看到那些光鲜亮丽、完美无瑕的人，他们渴望真实，希望结识那些和他们一样的普通人。

"远离垃圾人"节目的下载量已达百万，这档节目为何在短时间内取得如此巨大的成功？因为我们在正确的时间出现在正确的地点，并且希望给我们的听众以及采访嘉宾带来尽可能多的附加值。

我认为排挤他人并非成功之道，只有真诚合作才能取得共赢。

这听起来简单轻松。但我们也经历了社交媒体上的几次危机。例如，2018年，我们在脸书上的影响力因算法变化而大幅下滑，很庆幸我们还有自己的照片墙账户。

这件事的教训是什么？那就是一定要让人们从第三方系统进入你自己的系统。你还记得studiVZ和Myspace这两个网络平台吗？它们早已灰飞烟灭，谁能保证同样的事情不会发生在脸书和照片墙上呢？我们的解决方案是使用不同的平台，更重要的是，我们建立了自己的电子邮件列表。电子邮件列表是我们公司最宝贵的资产，没有人可以把它从你身边夺走。

除了我说的这些渠道，还有其他一系列网络平台。网络世界包括各种社交媒体、网站、电子邮件营销、WhatsApp（一款用于智能手机之间通信的应用程序）营销、Alexa（一款帮助用户看到其浏览的网站在全球所有网站中排名信息的软件）技能、油管、博客、在线课程、在线广告、联盟营销、Spotify（一个正版流媒体音乐服务平台）等。

今天的网络营销比以往任何时候都更复杂，同时也提供了令人难以置信的机会。我喜欢把这与19世纪的淘金热做比较。想象一下，一个人坐在沙发上，手里拿着一把铲子，他的花园地下有一堆宝藏在等着他，而他明知有这个宝藏却不动手。你肯定会说这个人是个傻瓜，不是吗？如果你今天不利用这些独特的网络营销机会，这个傻瓜就是你。

寻找一些诚实和适合你的专业人士，你们并肩合作，努力在网络上展示自己。我希望你能享受整个过程和结果。

| 第十四章 |

大型活动就像一场魔术

马蒂亚斯·盖特纳（Mathias Gaertner）：活动设计师、主持人和情感领导力教练

"我这辈子都不会忘记这个时刻！"你上次说这样的话是什么时候？你现在是否还能回忆起在那个特殊时刻的感受？这一刻是神奇的时刻，因为一切都很完美，一切都很合拍。这一刻的画面在你的生命长河中将永远占有一个特殊的位置。这一刻也许是你的初吻、孩子的诞生、为之努力了几个月的运动成绩、造访梦想中的旅游胜地、看最喜欢的音乐剧、与一个特殊的人相遇，或者童年时期的某个特殊经历。我希望你的大脑中有这样一本画册，能够记录下这些美好的画面。每当回想这些时刻时，一种难以形容的美好感觉就会围绕着你。

我生命中难以忘记的一刻出现在我的少年时代。一天晚上，爸爸突然对我们说："米老鼠、唐老鸭和高飞正在等着你们哪。咱们去巴黎迪士尼乐园玩吧！"这个突然而来的惊喜显然奏效了。他满面春风地看着我们。我们都惊呆了，几乎无法相信自己的耳朵。我和弟弟克里斯蒂安都对这次特别的旅行充满了期待。启程的时间终于到了。爸爸开车带着我们朝着巴黎方向出发，经过漫长的旅途，最终驶入了迪士尼乐园绿色的大门，路旁巨大的

喷泉流水潺潺，五颜六色的花朵拼出了米老鼠的头像。

我透过车窗向外望去，就像被施了魔法一样，简直无法相信自己的眼睛：那座粉红色的建筑似乎是一座城堡，窗户上装饰着绿色遮阳篷，房子都带有深红色的尖顶，钟楼上的米老鼠正快乐地向你挥手。"这一切是真的吗？"我问自己。爸爸刚刚把车停在金碧辉煌的迪士尼酒店门口，一个头戴礼帽、身着红色晚礼服的门迎就打开了车门，热情地问候我们："欢迎来到迪士尼乐园！"

在接下来的两天里，我们和布鲁托在早餐时一起吃羊角面包，在酒店大堂拥抱高飞和他的朋友们，探索了著名的迪士尼城堡，在花车巡游时向阿拉丁王子挥手致意。我们体验了乐园里最刺激的景点，过山车坐了一遍又一遍，吃了无数颗棉花糖，还看了经典的"水牛比尔狂野西部秀"。这真的是一种童年梦想成真的感觉啊！

告别的时刻就要来了，我们的行李箱也被塞进了后备厢，此时我们也渐渐清醒过来。我们终于要开车回家了。在此后的很长一段时间里，乐园里五彩缤纷的绚丽景象仍然会浮现在我的眼前。回想这两天的经历，壮丽的迪士尼城堡仍然难以忘记。可是突然间，我发现童话中城堡的塔楼变得越来越小，最终消失在远方。我周围的一切突然显得灰暗、沉闷和无聊。平常的日子又回来了。但这两天的欢乐时光让我们感到轻松自在和充满遐想。

我想通过这个故事告诉你什么？一方面，我们有可能打造一个地方，让人们摆脱沉闷的生活，去体验难忘的时刻，发现全新的自我。华特·迪士尼（Walt Disney）用他神奇的乐园已经证明了这一点。另外，我们所有人都有责任在生活中创造更多的迪士尼乐园，以便激起我们的童心，激励那些有梦想的人。如果有人对你说，他经历的事"令他终生难忘"，这难道不是一件很美妙的事吗？

但是，你如何才能创造自己的"迪斯尼乐园"呢？你如何能够举办一场激励人们的活动，让他们感受到你的信息，并使他们产生变化呢？我们将在后文中给你一个神奇的公式。现在首要的一个问题是：一个活动的目的是什么？

如果你在维基百科上查找德语术语"活动"一词，你会看到以下描述："活动是一项有时间限制的和有计划的事件，参与者众多，有明确的目标和方案，包括主题、内容或目的。"

我们对这种解释可能都不太满意。可是英语"Event"（活动）一词的意义也许更符合我们的需要。英语术语"Event"在维基百科里的定义是"人与人之间为了促进情感交流（如喜悦或团结）而达成的一种默契"。

因此，活动的作用主要是创造一种团结的感觉并和他人分享情感。如果翻看一下历史书，你会发现这种情况自古如此。在古代，人们聚集在一起是为了在奥林匹亚的体育场观看体育比赛，或在罗马斗兽场看角斗士的决斗。今天，这样的活动被称为"公共观赛"，如今当世界杯或其他重大体育赛事举办时，人们在柏林的球迷大道上都会看到这一幕。

在过去的两千年里，世界各地都出现了一些人们欢聚一堂的场所。无论是教堂（如德国科隆大教堂、意大利罗马的圣彼得大教堂或土耳其伊斯坦布尔的圣索菲亚大教堂），还是秘鲁马丘比丘的印加遗址、澳大利亚悉尼歌剧院或巴西里约热内卢的马拉卡纳体育场，人们欢聚一堂一直是各种文化的重要组成部分，并将一直持续下去。

那么，是什么让一次活动成为一段令人们难忘的经历，同时能促使参与者的行为发生长久和积极的转变？

无论你自己是否已经成功地举办了一些活动，或者已经举办过培训班，抑或只是有这些想法，这都不重要。重要的是，我想感谢你有勇气为他人的发展创造空间。我希望你也能感受到内心当中那种必须行动的渴望。

在介绍这个神奇的公式之前，我想与你分享成功举办活动的第一个秘诀，那就是"说做就做"。这一直是托比的座右铭，我对此赞赏不已。

我们的"个性大师课"在诞生之初，除了几页关于各种练习的草稿外什么都没有：没有工作人员，没有令人惊叹的灯光秀，没有炫目的舞台装饰，没有音乐理念，没有图片宣传，没有托比亚斯·贝克学院，没有品牌宣传，什么都没有。当时我们只有几个气球，三个用电脑制作的立式海报，两个购自某瑞典家具店的植物用来装饰舞台，两个三角灯柱（这两个灯柱可能更适合于地窖里的聚会，而不是体育馆那样大的活动空间），还有八个乐于助人的朋友，以及可能成功的愿景。然而我们迄今为止已经举办了无数场培训班，数以万计热情的学员参与其中，他们的脸庞令人难以忘记，对于自己的重新认识令人感动。

如今我们一场活动需要约1000种材料，用几个关键词记在一张纸上（字号为20磅[1]，这样这页纸看起来不至于空空荡荡）。现在我们一般都是和专业物流公司合作，而当年刚起步的时候，所有的设备都存放在丽塔和托比家的地下室里。在这一点上，我非常感谢丽塔。我们在活动快开始的时候要把地下室打扫干净，以便结束后重新物归原处，此时的丽塔总是带着热情的微笑为我们开门。

我们开始做活动时只有几个人，而如今有100多人为每次活动的成功付出努力。我讲这些并不是为了炫耀，而是想鼓励你说干就干。我们当时也不知道应该采用什么方法，但是我们了解自己的初心。在前进的道路上你自然能够找到答案。这就是我们常说的"边做边学"。给自己的成长留出一些时间，不要犹豫，立刻开始！

如果有人想了解我们为什么能够如此成功地举办活动，我想说，这里的确有一个神奇的公式。你看出来了吗？不错，这个公式就隐藏在英语"Event"（活动）这个词里：

---

[1] 磅为外文字号大小单位，1磅约为0.35毫米，1磅为1/72英寸。20磅大小在小二号和二号之间。——译者注

Experience （体验）；

Venue （场地）；

Emotions （情感）；

Normal is boring （寻常即无聊）；

Team （团队）。

体验

英语的 "Experience" 代表着经历和体验。在我们举办的活动中，我们希望人们能够找到 "重回童年" 的感觉。你还能记得小熊泡泡筒吗？筒壁上画着一只坐在地上的小泰迪熊，正在高兴地将肥皂泡吹向空中，蓝色的筒身里装有肥皂液，顶部是一个红色的旋盖。你向充满肥皂水的小孔中吹气，五光十色的气泡升向天空。你还记得这个时刻吗？这些记忆触发了你心中什么样的感觉？是快乐、喜悦、嬉闹、还是轻松？因此我们在活动中使用了类似的元素，例如，气球、巨大的水球、超大的扭扭乐、充气独角兽、球池和真人大小的动物模型。在我们的 "个性大师课" 上，大型泡泡机在活动大厅的入口处恭候着学员。每次看到五彩缤纷的泡泡激起了人们游戏的本能，总是一件让人感到开心的事。

我们不想让学员回忆起学校里的一切。我们希望给学员创造一个独立的空间，这里无所不包，并且让学员能够以一种新的方式学习。

"给予的方式比给予的内容更重要。"

—— 法国戏剧家，皮埃尔·高乃依（Pierre Corneille）

这对于你的活动而言就意味着"形式重于内容"。但是在你准备在网上购买气球、充气泳池和小熊泡泡筒之前，请先考虑一下，你举办活动的目标应该是什么？你希望听众在活动结束时有什么感觉、想法和体验？

2016年年底，托比带着一个活动构想找到我，我问他希望听众有什么样的体验。"我想邀请各方面的专家分享他们专业领域的知识。整个气氛应该轻松愉快，亲密无间，就好像听众们正在我家做客，这时候门铃突然响了，我的专家朋友们来了。"

托比的脸上露出了得意的笑容，如今的"个性训练营"就这样诞生了。但是我现在不能透露活动中的邮递员和园丁这两个角色到底起到什么作用。毕竟，一名魔术师不会透露他所有的技巧。

我经常看到一些活动的流程并不是这样：它们只是一直做练习，选择的因素也杂乱无章。相反，你的活动讲述了一个故事，即使在很长一段时间后，它也能使听众心情愉悦。你的活动体现了对于细节的关注，所有的环节都经过精心准备。这是因为你不是为了"客户"，而是为"活生生的人"创造了难忘的时刻。这才是真正的体验。

场地

英语的"Venue"是指举办活动的地点或场所。它可以是一个酒店房间、市政厅或一个常规的活动地点。但也有可能是船舶、办公室、博物馆、城堡甚至山间小木屋。场地的选择可以影响活动的成败。此时你也得再次问自己，你希望听众有何体验？想创造什么样的气氛？需要多大的空间？需要多少间房子？

为了使听众尽快进入"你的世界"，你应该设身处地为他们着想。他们来参加活动的交通方式是什么？在哪里停车？在哪里住宿？哪里能够品尝美食？走哪条路线进场？甚至连卫生间的问题也不能放过。只有这样，你才能设计出一套方案，让听众更轻松地参与到你的活动中来。

作为举办活动的从业者，我们总是追求完美；我们希望自己讲的故事能像《一千零一夜》那样吸引人。但我必须如实告诉你，"完美的"场地是不存在的。此时需要你的创造力。哪些安排能让听众感到舒适？很多情况下，所有精心的设计和最好的场地都毁于卫生间这个环节。无论你是否考虑过这个地方，它毕竟是你活动的一个组成部分，因为这是几乎所有人都要去的地方。

因此我们在所有活动中都用五颜六色的图片和标语装饰卫生间，并且在台盆上放置了香水、发胶和润手霜，还在镜子前的架子上放上一小碗的糖果，镜子上方用彩笔写着"你看起来棒极了！"。我们为什么要这样做？因为世间万事都有联系，恰恰是在卫生间里，听众会体会到你对他们的真挚之情，并感到他们在你心中的重要性。有一次，一位和我同住一家酒店的听众对我说："那里的设计太棒了！"这是多么好的赞美啊！

当然，活动空间本身的设计也很重要。在 "赢得舞台"公开培训课活动中，我们训练学员在数百或数千人面前的大舞台上演讲。然而，我们的活动本身是非常私密的，学习小组也不大，这样他们可以在四天内获得一个好的学习效果。同时我们使用了剧院聚光灯、麦克风和舞台，尽管在没有这些元素的情况下一切都更容易看到和听到。我们为什么非要这样做呢？因为活动的名称是 "赢得舞台"，而不是"赢得地板和地毯"。答案就这么简单。同时，我们以此可以让学员尽快适应舞台上的设备和技术，因为从现在开始，这将是他们日常工作的一部分。

想想看，你可以用哪些元素来调节现场气氛？你应该如何设计活动现场的空间？

情绪

情绪的处理中心是大脑中的杏仁核。大脑的这一部分与边缘系统密切相关，后者主要负责情绪状态和记忆形成。因此，活动引发的刺激能提升学习效率和改变自身行为的成功率，并把这种良好的感觉储存在记忆中。

但是，如何在活动中设置刺激点，从而影响现场听众的情感？办法是要尽可能调动听众的感官。我们现在仔细观察一下人类的五大感官系统。

视觉

许多人在看到燃烧的火焰或绚烂的烟花时都为之陶醉。你是否也有同样的感觉呢？你注意到了吗，当房间里的光线发生变化时，你的情绪也会有所变化。色彩、图像和视频对人类有机体产生巨大的影响。蓝色代表平静，能提高人的注意力。而红色则具有一种振奋人心的作用，甚至可能有轻微的威胁性。橙色和琥珀色让人舒适和放松。你应该巧妙地使用这些颜色，并适时地改变的房间亮度，以便确保学员始终能够保持专注力，并沉浸在演讲的气氛中。而图片的作用则是唤起他们的记忆或制造一种紧张的气氛。

触觉

你的学员会触碰到哪些学习材料？在这方面上千万不要吝惜钱财。只要触摸到品质低劣的用品，人的潜意识就会立即做出反应。因此，你应当使用高品质的纸张做学习材料，并给学生提供装订精美的笔记本以及高级耐用的笔。

味觉

你去过那家著名的意大利连锁餐厅吗？顾客们高兴地站在柜

台前点他们的意大利面或比萨饼。你有没有注意到在出口处的柜台上有一小碗小熊橡皮糖？这是一个无心之举吗？绝对不是。糖分会激活大脑中的奖励系统，并释放出传递幸福的激素多巴胺。因此，大脑不由自主地把造访这家餐厅和一种美好的感觉联系起来。在我们举办的活动中，我们放置了一些清凉薄荷糖，以便给学员们带来一种清爽的感觉。学员们在成功完成一项练习后，我们会用冰激凌奖励他们。此时冰激凌的味道绝对是最棒的！味觉能带给人丰富的联想。

嗅觉

近几年来，气味营销一直是我们行业的黄金准则。尽管人们现在还在争论，香草味、柠檬味或薄荷味是否能营造出一种绝佳的氛围，但不可否认的是，芬芳的气味能让顾客心情更好，同时也能提高他们的购买意愿。你曾经去过阿贝克隆比&费奇（Abercrombie & Fitch）服装店吗？即使离店面很远，你也能闻到该品牌独创的系列香水的香味。店家目的在于吸引顾客光顾。当然，喷洒香水也并不是纯粹出于嗅觉的考量，主要是为了激起顾客"我来对了地方"的感觉。

你如果不希望活动现场闻起来像香水店一样，也可以考虑一下使用香薰，而且不仅仅是在卫生间里使用。除了香水，还有其他一些吸引人的独特气味。例如，你喜欢新鲜爆米花的气味吗？

听觉

通常情况下，培训课中很少播放音乐。一整天下来，学员们只听到彼此的声音和培训老师的声音。这绝不是一个让人心情愉悦的氛围。我们在其他地方已经谈到，音乐可以产生积极的效果和激励的作用。作为一名专业人士，你应该在活动中有意识地通过音乐来调节听众的情绪起伏，让他们的情感融入活动之中。这样就能为听众创造一个难忘的经历。但要注意：声音决定音乐的效果！因此一定要确保音量和曲目要适合当时的氛围。

所有这些方法可以调动听众不同的感官。但要注意的事，过度的刺激却适得其反，只会让听众不知所措。有时候少即是多。

寻常即无聊

演出市场上有各式各样的标准。你举办的活动与其他人的有何差别？充分展开你的想象力。你可以使用任何方法，但绝对不能走寻常路。因为寻常即无聊。你自己喜欢无聊的事吗？

托比亚斯·贝克学院的活动总是致力于"令人难忘"这个目标。因此，我们在创造游戏世界、举办摄影活动和其他细节方面投入了大量的精力和爱心，例如幸运轮、"远离垃圾人"中的游乐场、充气城堡、我们的告别仪式以及让志同道合的单身人士欢聚一堂的联谊会。也许正是这种对细节的关注让我们在筹备活动时花费了大量的时间。同时，这也是托比亚斯·贝克学院的一个重要特征。我们全心投入，不遗余力，因为每位学员对我们来说都很重要。

团队

没有一个为愿景而拼搏的高效团队，任何活动也难以成功。活动期间所有工作只有在团队的协作下才能成功，例如在入口处迎接听众、协调餐饮、登记姓名，播放音乐，提供技术服务、休息间隙整理会场、准备练习，拆装设备，等等。

很多人认为"这些事我一个人可以完成"，这个想法不但不明智，而且相当自以为是。当然你也不应该觉得束手无策，特别是在组织第一次活动的时候。你可以想想在你的朋友圈里哪些人有特殊的才能，谁的音乐品味好，哪些人懂电脑技术。只要向这些有才华的人寻求帮助，你会吃惊地发现，他们中的许多人都能为你实现愿景助上一臂之力。

所有人都希望参与到实现一个共同理念或愿景的事业之中，因此我们从一开始就把我们的服务提供商视为合作伙伴，并且使他们也成为我们活动的真正粉丝。每个人都乐在其中，而且他们对于成功不可或缺。

让一场活动产生魔力的核心要素只有一个：你的一片真心！你应该对自己的事业充满爱心和快乐。你有机会也有责任改变他人的生活，让他们的生活朝着好的方向发展。为此要特别感谢你！

第十五章

演讲者不是明星

忽然有一天，你有了一套完整的理念，并急切地想把它传递给别人，这样你产生了走上演讲台的冲动！我现在想给你讲讲我当时遇到的情况，以及我的朋友和导师是如何成功地完成"想法、目标和行动"这三步走的。

改变人生的20分钟演讲

首先是那次改变我一生的登台演讲。

我等待了20年的机会重于来了。当时我站在斯图加特一家剧院的后台，豆大的汗珠正慢慢地从我的脖子上流下来。我生命中的演讲即将开始。

其他演讲者热情的问候让我冷静了下来。我本以为他们不太欢迎我。更衣室的牌子上写着一些著名演讲者的名字，每个人都在按部就班地为自己的出场做准备。他们之间非常熟悉，互相开着玩笑。他们当时说到了登台演讲的一些细节问题，如站在舞台的哪个位置才能在视频上呈现出最好的画面效果，我却听得一头雾水。

此时我尚未意识到，我即将发表的演讲将在整个演讲界引起轰动，在视频网站上的观看率达十万次。我客气地与每个人握手，一生中从未如此紧张。

叫到我上台时候，后台就像电视制作现场一样十分热闹。在我前面演讲的是业界的一位超级明星，他的演讲获得了听众如雷的掌声。这让我心里一团糟，内心的一个声音不断拿我打趣："紧随超级演讲明星之后的是来自伍珀塔尔的托比亚斯……"

此时我看了一眼主持人施特凡·弗莱里希（Stefan Frädrich）。他再次友善地提醒我要注意舞台前的显示器，上面显示着"20：00"这个数字。"20分钟后我们就关掉麦克风，祝你成功！"他说。

此刻没人知道，为了这次演讲我已经练习了1000次。你一定能想象出当晚的情况。

如何做一场20分钟的演讲

台下听众不是你节目的粉丝，而是想获得新的灵感的人。因此，你的表述应尽可能简单，并让人们在最短时间内理解。这一点极其重要。你的演讲要尽可能令听众印象深刻，因为在你登台之前和之后还有其他十几人要登台演讲。

所以你只有一个目标：在听众的记忆中打上你的烙印。其成功的秘诀在于：

■ 让听众体验情感的跌宕起伏；

- 不要使用外来词；

- 集中精力于核心内容；

- 演讲内容通俗易懂；

- 挑出最精彩的内容，把它们总结在一起；

- 展示的图片尽可能简单易懂；

- 把手中的书举高；

- 和现场听众进行互动。

目标群体是和你一样的人

对于大多数人而言，一个最重要的问题是：谁是我的客户？听众从何而来？

这个问题的答案可能有点平淡无奇：你的目标群体就是你自己！来参加你的演讲或培训的听众都和你非常相似，他们和你有相同的兴趣，并关注同一个题目。

接下来你必须做一个决定：你目标群体是针对普通大众还是小众精英。例如，你是一名钟爱做饭的业余厨师。许多人对你精湛的厨艺赞不绝口。现在你有两个选择：

1.你进入该行业，制作了美食音频节目，举办现场讲座，撰写美食书籍等。

2.你直接进入市场，以烹饪为卖点，打造高端客户，为自己赢得名声。例如，你只使用你自己花园里的食材，这样你就可以围绕这一特色建立整个营销渠道：

- 用自家花园里的食材烹饪秘籍；
- 音频节目"来自自家花园的美食"；
- 相关的美食书；
- 与建材市场和园艺市场合作。

那么你的客户究竟是谁？在这种情况下，是所有那些可以从自己花园获得食材的人，他们很高兴终于有人能够讲一下与他们相关的一些事情了。

有一点确凿无疑：金钱和成功要么隐藏在大众中，要么隐藏在小众中！我们还是回到美食这个话题，你想想看，你所在的城市哪家意大利餐厅最成功？没错，要么是填补小众市场的高档意大利餐厅，要么是服务大众业务的连锁餐厅。其他类型的餐厅大多只是勉强度日。

当然，把两者结合在一起也是可以的。但是这是另一条漫长的路。你看看那些优秀演讲者的现场，现场听众都是和他非常类似的人。

通俗一点说：你总是要把思想传授给那些不如你的人，或者那些想和你取得同样成就的人。你的目标群体与你有着相似的兴趣，更夸张地说：他们和你有着相似的穿着、相似的生活态度、相似的教育水平等。

你也要卸下身上的压力。进入这个市场时，你不必完美无缺，或者万事俱备。无论你处于什么阶段，总是有人需要你的帮助。

开始行动吧

如果你是一名儿科医生，你肯定不会在一个专业会议上介绍一些简单的科普内容。然而你作为一名儿科专家却完全可以开发一个关于常见儿童病的在线课程，去帮助那些因孩子生病而心急如焚的父母。你觉得这个想法怎么样？

我们有一个毕业生就是这么做的。很聪明，不是吗？

这对你来说是非常重要的信息。你只需要认真地问问自己，在哪个话题上你真的有话要说。千万别告诉我，你感兴趣的主题没有目标群体，因为任何事情都有自己的目标群体。

我想给你讲一个能证明我的观点的故事。两年前，我遇到了一个叫胡贝图斯·马松（Hubertus Massong）的年轻人，他非常热情地给我讲述了他的人生使命："我想教尽可能多的人如何钓鱼；目前在德国，钓鱼执照太难获得了。"我觉着很有意思，但又有一点迷惑不解。他说目前德国有130多万钓鱼爱好者，每年还要新增数万人。他们每个人都需要钓鱼执照、钓鱼产品和专业书等。

我说这个的目的是什么？我想告诉你，胡贝图斯目前已经占领了这个市场，早已成为百万富翁。

下面再举几个例子，他们都是我的朋友和导师。他们找到了自己的目标群体，并为他们提供优质服务。

劳拉·马琳娜·塞勒
（Laura Malina Seiler）

- 主题：精神修行；

- 目标群体：对精神修行感兴趣的人；

- 音频节目：《快乐，神圣与自信》；

- 产品：网课，图书等。

马库斯·莫雷（Marcus Meurer）和
菲利希亚·哈加藤（Felicia Hargarten）

■ 主题：数字游牧民^①；

■ 目标群体：数字游牧民或想加入其中的人；

■ 音频节目：《DNX数据游牧民播客》；

■ 产品：粉丝群，会议，网课，背包。

马丁·林贝克（Martin Limbeck）

■ 主题：销售；

■ 目标群体：销售人员；

■ 音频节目：《销售就是销售》；

■ 产品：图书，公开课，网课。

---

① 数字游牧民一般指可以远程办公，不受地点约束边工作边旅行的
人，他们的移动办公方式和自由的生活方式就像游牧民族一样。——编者注

雷纳·博伯努斯（René Borbonus）

■ 主题：口才；

■ 目标群体：对语言感兴趣的人。

现在轮到你了：

主题：_____

_____

目标群体：（和你一样的人）_____

_____

音频节目：_____

_____

产品：_____

_____

第十六章

社会责任

本书不仅为你提供了成为一名成功演讲者的工具，还告诉了你应承担哪些社会责任，即在使用这些工具时要遵循伦理和道德的要求。如果你只是用学到的新知识让你赚得盆满钵满，那么你的事业不会长久。从长远来看，你创造的成就会像纸牌屋一样倒塌。

要认真对待你的学员和本书中的知识，因为态度就像水，或温柔可亲，或坚硬致命。我不祝你幸运，因为我不相信有运气存在。我只祝愿你快乐和轻松。

你在生活中缄默不语的时刻现在已经结束。你的责任是为那些不能为和不敢为的人发声。许多人已经对命运缴械投降，放弃了自己的梦想，成为平庸之辈。但你不会屈服，对吧？

当然你也会遇到逆境，因此你应该拥有自己的价值观。这些价值观将在你怀疑、疲惫和想放弃的时候支撑你坚持下去。

为什么这一点如此重要？因为一站在演讲台上，你就立刻成为现场听众的领袖，成为其他人的榜样。一开始听众可能只有几个人，然后是几百个，后来是几千个，如果你坚持下去，最后是几百万人。他们每个人都仰望着你。因此你要学会敞开你的心扉，把你的灵魂投入到你的每一次演讲中，就好像是你生命中最后一次演讲一样。

　　帮助社会上的弱者，让他们感到自己的人生仍有价值。你要承担起责任，实践社会承诺，因为这样你将得到他人的保护和指导。所有通过演讲创造历史的人都只是无法再忍受社会上的一些弊端。他们打开了人生的降落伞，接受了一个伟大的使命。是的，他们痴迷于自己所做的事情，并且能够通过自己的榜样力量重新唤起其他人的责任感。

　　你的任务是什么，我的朋友?

_____

_____

_____

_____

_____

_____

_____

_____

第十七章

通向顶峰之路

我们多次强调，金钱不是完成事业的唯一动力。但是这份令你全心投入的工作的确能让你获得高于平均水平的报酬，前提是你永远不要背叛你的价值观，并时刻铭记你的责任！

我在过去15年当中的收入（日报酬）情况如下：

第1 — 第5年　　　　　　50 ~ 750 欧元

第5 — 第8年　　　　　　1500 欧元

第9 — 第12年　　　　　3500 欧元

第13年　　　　　　　　4500 欧元

第14年　　　　　　　　6000 欧元

第15年　　　　　　　　13 995 欧元 [①]

你也想走上这条道路吗？你也想付出几年努力后功成名就吗？这个问题只有你自己能够回答，但是所有行业的成功之路都充满了荆棘。

这条路上有一个成功秘诀。大部分培训师和演讲者对此不了解，更遑论使用了。在邀请你演讲的企业中，你只需和一个人建

_____

① 作者此时已按小时计酬收费，正文中显示的仍为作者的日报酬。——编者注

216

立良好的关系，那就是该企业的决策者。

这个说法也许令人倒胃口，但非常有用。只有你能回答这个问题：你的电话簿里有多少个可以随时联系的企业决策者？他们的数量将决定你业务的成功，即使这话你不爱听。因为最后只有那些企业董事长喜欢、认识的演讲者或培训师才能得到邀请。

但你如何认识这样的人呢？你如何赢得他们的认可，甚至让他们成为你的导师或推荐人呢？

方法很简单：一心付出，不求回报。你要了解他们的困难，帮助他们解决问题。大多数成功人士都有一个共同点：时间少，压力大。因此，你应该尽一切可能减轻他们的压力，给他们创造更多的时间，只有这样你才具备竞争力。

我想告诉你一个我自己的故事。几年前，我受邀参加一位企业董事长朋友的家宴。猜猜来宾名单上都有谁？德国商界所有管理者均在受邀之列。

在这样的场合，你需要遵循一个基本规则：永远不要谈论自己和自己的成就。你所要做的是通过聊天给对方提供帮助。例如，我在和一位企业高管的聊天中得知，他的公司经营奢侈品，正计划赴美国拓展业务，并在那里建立分销机构。他们计划首先设置一个电话客服中心，为客户提供五星级的服务。我听了后兴奋地问道：

- ■ "您对完美的服务有何设想？"
- ■ "您如何评估这样的服务？"

■ "谁负责客服中心？"

这名高管当时并不知道，当时我正在给德国最大的两个客服中心进行培训；也不知道我在美国待了多年；更不知道我来自销售领域。你的谈话对象也无须了解这些，因为当你在谈话结束时掌握了所有信息后，你可以这样说：

这个项目很有意思。当然，重要的是要找到一个合适的人，他能够在德国母公司和美国文化之间取得平衡。而且，这个人应该来自服务行业，懂得行业术语，并且曾在销售部门做过高管。

于是，那位高管说道："您认识这样的人吗，贝克先生？"

这次谈话的结果是我受聘于这家企业，在两年时间里参与了迄今为止我职业生涯中最大的国际项目。在这期间，我认识了很多新客户，他们也准备在美国拓展业务。这难道只是一种幸运吗？

不，运气是蠢人的救命稻草。机会每天都出现在你的面前，你所要做的就是看见和抓住它。

顺便说一句，这家公司生产的产品非常好，由于签订了易货贸易协议，我和我的家人现在经常免费收到这家公司的产品。

收集信息，获得订单，这就是我所说的"可伦坡法"。这个名字来自美国电视连续剧《神探可伦坡》（*Columbo*），主角可伦坡探长在破案时总是喜欢说"顺便说一句……"。

第十八章

把听众带入你的空间

在接受一家著名杂志采访时，我被问到自己事业的转折点是什么。为什么我的培训课总是很早被预订一空？我当时就想到一个黄金规则：无论在哪里演讲，你必须把听众从他们自己的空间带入你的空间。

他们的空间 = 内部研讨课、多人演讲活动等
你的空间 = 你的研讨课、你的网课等

你在阅读本书时已经回答了很多问题，可能已经想到了自己开发的培训课程。如果没有属于自己的培训课程，你在未来将寸步难行，因为未来在你创造的空间里，你只能与那些志趣相投的人一起工作。

你通过演讲已赢得了许多听众的信任。这就是你最理想的空间。不要去凸显你的个人形象，也不要炫耀自我，反之你可以问问听众："你们中多少人认为，和我度过的最后几小时是有价值的？"接下来可以为他们提供一些免费赠品，以帮助你和听众建立起联系。

免费赠品可以是书、免费性格测试、电子书等。

记住，每次活动都要收集听众的电子邮件地址，这样可以方便你通过电子邮件给他们推送你的课程。通过这个方法，你可以在几年内建立一个稳定的电子邮件地址库，并通过每周的新闻通讯联系上所有人。

我自己会更进一步：如果我在某地的舞台上无法销售"个性训练大师课"，那么我将不会再去这个地方。我花了几年时间研究出了"舞台销售"模板，续课率达到25%~30%。受本书篇幅所限，我无法详细介绍这些方法。如果你对此感兴趣，可以参加我们的"赢得舞台"公开培训课，我会手把手教你赢得听众的方法。

第十九章

团结一致，合作共赢

"欢迎来到鲨鱼池！"几年前，我们行业在美国举办了一次规模盛大的会议，席间一位著名的德国演讲者这样跟我打招呼。他告诉我："如果你想在这里生存，就坚持和好的人在一起，学习游戏规则。"我很快就会知道了这句话的含义。

如你所知，我以前从事航空业，在那里我学会了尊重并友好地对待他人。在这个行业中，信息交流是一件司空见惯的事。由于需求大于供应，各家航空公司组成航空联盟并相互帮助。

培训行业的需求也是很大的，每个人都有足够多的机会。因此大家理应帮助一个新人登上顶峰，至少我是这么想的。但现实的情况完全不同！舞台的背后充满了争吵诋毁、谩骂排挤和拉帮结派。更有甚者，一位同行在某地参加了一个活动，讨厌他的另一位同行就拒绝前往。

我不会参与这种低级幼稚的把戏。那些有使命感的人没有时间做这种无聊的事。我讨厌阴谋诡计或在背后说别人坏话。这个行业为每个人提供了足够多的机会。为什么要互相倾轧呢？

改变现状的唯一出路就是汇集资源，合作共赢。行业内所有人应该通力合作，而不是相互诋毁。如果说每个人在自我发展的道路上需要抛弃一样东西，那就是敌对情绪。我希望你始终能以学员的利益为出发点，不要以自我为中心。

你可以动动脑筋，让业内精英与你合作。例如，对我来说，这个方法就是音频节目。在每一集的结尾，受访者可以为他们的节目或课程做广告。"你不怕你的客户转投竞争对手吗？"一位参加"赢得舞台"公开培训课的学员问我。恰恰相反，我希望看到我的客户和粉丝群不断发展成长，而不是独自占有他们。我的任务是"把缤纷的五彩纸屑抛向尽可能多的人"，而这些"纸屑"中有很多都是同行的产品，我会尽心把它们推荐给更多的人。

正是因为我相信"业力管理"，即播出去的种子终将有收获，因此我也喜欢让他人不断发展壮大。多年来，我已经意识到与同行建立联系是多么重要，因为这种交流可以节省你大量的时间、金钱和精力。例如，我建立了一个WhatsApp群，业内精英汇聚在这里互相帮助。这里没有嫉妒，也没有怨恨。嫉贤妒能的人不会被邀请入群。大多数同行都很友善，也给我带来了很多灵感。

最后，我想举一个精诚合作的例子。赫尔曼·舍勒（Hermann Scherer）和我多年来都在从事演讲和培训行业，我们的客户群体是一样的。但我们没有像咄咄逼人的恶犬那样互相攻击，而是互相向对方敞开大门，交流意见。我是他的超级粉丝，喜欢他在舞台上的激情。我非但不嫉妒他，而是更进一步和他合作。我的培训结束后，会建议大家可以继续和赫尔曼踏上探索人生之旅，因为他是定位领域的绝对专家。通过这种方式，我们彼此互相支持，共同开拓未来的事业。

这你也能做得到!

你擅长的领域里有哪些明星人物?

_____

_____

你能给他们提供什么样的附加值?

_____

_____

你如何与他们合作?

_____

_____

第二十章

我们的名人堂

克里希-乔伊（Chrissi-Joy）

演讲者，播客创作者，自我实现专家

托比是我的榜样和朋友，他活出了自己的世界。我喜欢他清新、热情和诚实的态度。

他全身心投入自己的工作。这体现在他的研讨课上，如"公开演讲学院"和"赢得舞台"。他在他的领域里绝对是一个专业人士。谢谢你的支持，托比！

你的克里希-乔伊

米莉亚姆·霍勒（Miriam Höller）

前特技演员，演讲者，企业家

托比总能在很短的时间内激励自己的听众。他有一套新的方法和思维方式，能够帮助人们很快成为一名演讲者。他所有的课程都非常注重让学员们产生一家人的感受。这能促使人们一起积极地去改变生活，并实现自己的愿景。我很高兴在人生的道路上能和托比产生交集，因为在他的帮助下，我在舞台上给听众传递信息的时候更有干劲，也更有目标了。

医学博士 梅丽科·阿维（Mareike Awe）

直觉思维有限责任公司创始人

托比是我人生当中一个重要的导师，他使我成为一名用心灵打动别人的演讲者。通过他的课程，我们第一次就组织了一个500人参加的活动，后来又在德国境内举办了许多大型活动。托比的工作正在改变人们的生活，他创造的条件可以使人们充分发挥自己的潜力。这在当今时代非常重要。

丹尼斯·沙恩韦伯（Denys Scharnweber）

营销与个性开发专家

我认识托比已经有一段时间了，非常感谢这段友谊，也非常感谢能够向他本人学习。他的课程真的很棒，任何害怕上台或不敢在人前讲话的人都可以获得托比的帮助。托比让人们重获自信，并帮助他们将个人的信息传递出去。而且他的方法轻松愉快。因此开发自己的个性也就不再是一件乏味的事了！ 非常感谢！

马库斯·伦纳克斯（Markus Lennackers）

演讲者，培训师，教师

我认为，托比的培训课是德语地区中最好的课程，令人获益匪浅。我已经把课堂上学到的90%的知识成功地付诸实践，为客户创造了长期学习的条件。

伊罗娜·布克勒（Ilona Bürkle）

网络营销专家，经理人

托比教会了我如何摘下自己的 "面具"，并向听众传递我的信息。这让听众受到心灵的震撼，并激发了改变自己的决心。

2016年夏天的"公开演讲学院"对我的网络营销业务的成功起到了重要作用。

其实托比的每一次培训课都改变了我的生活。如果没有经历这种个人的发展，我肯定不会取得现在的成就。托比是对我的生命旅程产生最大影响的人之一。对此，我深表感谢。

丹尼尔·阿米纳蒂（Daniel Aminati）

艺人，主持人（Pro7电视台）

在镜头前做主持人是一回事，在舞台上做演讲者又是另一回事。托比亚斯·贝克的培训课为我的演讲者事业提供了极大的帮助。他不仅是一位杰出的培训师，也是一个令人钦佩的人。

谢谢你，托比！

致 谢

我非常感谢我的妻子丽塔和我的孩子们。没有你们，我将一事无成，你们让我感到了无条件的爱。

我还要感谢我的父母霍斯特·贝克和艾丽卡以及我的兄弟姐妹约翰娜、纳丁和奥拉夫。你们一直与我风雨同舟，在过去的40年里，你们不得不忍受我成功前的胡思乱想。

我还要感谢过去15年中支持我的所有现场听众，因为只有通过你们的信任和反馈，我才得以学习和成长。

另外，没有我的团队，你在这本书中读到的一切都不会成为现实，我非常感谢能与如此优秀的团队一起完成共同的使命。

非常感谢我的两位总培训师伊冯娜·舍诺和克里斯蒂安·加特纳，感谢你们在过去几年里对我无条件地支持！

我也感谢每一个给我带来麻烦的人，特别是一家企业工委会的那位先生，在一次为期四天的培训课上，他总是面墙而坐，对我所有的课程表示抗议。我从他们身上也学到了很多东西！

我还要感谢那位参加我第一次培训课的听众，他在离开会场时声嘶力竭地喊道："我不会让一个蠢货告诉我该做什么！"他和其他批评我的人使我成长得更快！

我也感谢所有讨厌我的人，是你们让我变得更强大。你们一次又一次地戳向我的痛处，这让我也学会了坚强。

我想感谢汉莎航空公司、新意尚连锁餐厅、福维克家电、弗兰卡厨房设备公司、布加迪和1&1网络公司。在我还是一个无名小辈的时候，你们选择了相信我。

也感谢《思想加油站》节目和施特凡·弗莱里希，你们给了我第一次公开演讲的平台。因为你们，我制作的内容已经覆盖了数千万人。

非常感谢我的特邀作者马蒂亚斯·盖特纳、斯文·卡姆辛、施特凡·史明、比约恩·施纳尔和克里斯蒂安·维姆克。你们撰写的章节为本书画上了一个圆满的句号。

非常感谢我们400多名工作人员，他们毫无怨言地支持我们的活动，也要感谢我的团队，为了实现我们的愿景，他们不分昼夜地工作。